Georg Wilhelm Friedrich Hegel

Über die englische Reformbill

Georg Wilhelm Friedrich Hegel: Über die englische Reformbill

Erstdruck in: Allgemeine preußische Staatszeitung 1831, Nr. 115, 116, 118. Der Schluß durfte nicht in der Staatszeitung veröffentlicht werden, er erschien nur in einem Privatdruck des Gesamttextes.

Neuausgabe mit einer Biographie des Autors
Herausgegeben von Karl-Maria Guth
Berlin 2016

Der Text dieser Ausgabe folgt:
Georg Wilhelm Friedrich Hegel: Werke. Auf der Grundlage der Werke von 1832-1845 neu edierte Ausgabe. Redaktion Eva Moldenhauer und Karl Markus Michel, Frankfurt a. M.: Suhrkamp, 1979 (Theorie-Werkausgabe).

Die Paginierung obiger Ausgabe wird hier als Marginalie zeilengenau mitgeführt.

Umschlaggestaltung von Thomas Schultz-Overhage unter Verwendung des Bildes: Georg Wilhelm Friedrich Hegel, porträtiert von Jakob Schlesinger, 1831

Gesetzt aus der Minion Pro, 11 pt

Verlag: Henricus - Edition Deutsche Klassik GmbH
Mörchinger Str. 33, 14169 Berlin, info@henricus-verlag.de
Druck: Libri Plureos GmbH, Friedensallee 273, 22763 Hamburg

Die Ausgaben der Sammlung Hofenberg basieren auf zuverlässigen Textgrundlagen. Die Seitenkonkordanz zu anerkannten Studienausgaben machen Hofenbergtexte auch in wissenschaftlichem Zusammenhang zitierfähig.

ISBN 978-3-8430-9173-2

Bibliografische Information der Deutschen Nationalbibliothek

Die Deutsche Nationalbibliothek verzeichnet diese Publikation in der Deutschen Nationalbibliografie; detaillierte bibliografische Daten sind im Internet über www.dnb.de abrufbar.

Die dem englischen Parlamente gegenwärtig vorliegende Reformbill beabsichtigt zunächst, in die Verteilung des Anteils, welchen die verschiedenen Klassen und Fraktionen des Volks an der Erwählung der Parlamentsglieder haben, Gerechtigkeit und Billigkeit dadurch zu bringen, daß an die Stelle der gegenwärtigen Unregelmäßigkeit und Ungleichheit, die darin herrscht, eine größere Symmetrie gesetzt werde. Es sind Zahlen, Lokalitäten, Privatinteressen, welche anders gestellt werden sollen; aber es sind zugleich in der Tat die edlen Eingeweide, die vitalen Prinzipien der Verfassung und des Zustandes Großbritanniens, in welche jene Veränderung eindringt. Von dieser Seite verdient die vorliegende Bill besondere Aufmerksamkeit, und diese höheren Gesichtspunkte, die in den bisherigen Debatten des Parlaments zur Sprache gekommen sind, hier zusammenzustellen, soll der Gegenstand dieses Aufsatzes sein. Daß die Bill im Unterhause einen so vielstimmigen Widerspruch gefunden und die zweite Lesung nur durch den Zufall *einer* Stimme durchgegangen ist, kann nicht verwundern, da es gerade die auch im Unterhause mächtigen Interessen der Aristokratie sind, welche angegriffen und reformiert werden sollen. Wenn alle diejenigen, die teils persönlich, teils aber deren Kommittenten an bisheriger Bevorrechtung und Gewicht verlieren sollen, sich der Bill entgegensetzten, so würde sie sogleich auf das Entschiedenste die Majorität gegen sich haben. Die, welche die Bill eingebracht, konnten sich nur *darauf* verlassen, daß nunmehr gegen die Hartnäckigkeit der Privilegien das Gefühl der Gerechtigkeit in denen selbst mächtig geworden, welche ihren Vorteil in jenen Bevorrechtigungen haben, – ein Gefühl, das eine große Unterstützung an dem Eindruck der Besorgnis bekam, welchen bei den interessierten Parlamentsgliedern das benachbarte Beispiel Frankreichs hervorbrachte; die beinahe allgemeine Stimme, die sich in England über das Bedürfnis einer Reform aussprach, pflegt im Parlamente als ein höchst wichtiges Motiv geltend gemacht zu werden. Wenn aber auch die öffentliche Stimme von Großbritannien ganz allgemein für Reform in der Ausdehnung oder

Beschränkung wäre, wie die Bill sie vorschlägt, so müßte es noch erlaubt sein, den Gehalt dessen zu prüfen, was solche Stimme verlangt, um so mehr, als wir in neueren Zeiten nicht selten erfahren haben, daß ihre Forderungen sich unausführbar oder in der Ausführung unheilbringend zeigten und daß die allgemeine Stimme sich nun ebenso heftig gegen dasjenige kehrte, was sie kurz vorher heftig zu verlangen und gutzuheißen schien. Die Alten, welche in den Demokratien, denen sie von ihrer Jugend an angehörten, eine lange Reihe von Erfahrungen durchgelebt und zugleich ihr tiefsinniges Nachdenken darauf gewandt haben, hatten andere Vorstellungen von der Volksstimme, als heutzutage mehr a priori gang und gäbe sind.

Die projektierte Reform geht von der unbestreitbaren Tatsache aus, daß die Grundlagen, nach welchen der Anteil bestimmt worden war, den die verschiedenen Grafschaften und Gemeinden Englands an der Besetzung des Parlamentes hatten, im Verlaufe der Zeit sich vollkommen geändert haben, daß damit die »Rechte solchen Anteils« von den Prinzipien der Grundlagen selbst vollkommen abweichend und allem widersprechend geworden sind, was in diesem Teile einer Verfassung als gerecht und billig dem einfachsten Menschenverstand einleuchtet. Einer der bedeutendsten Gegner der Bill, *Robert Peel*, gibt es zu, daß es leicht sein möge, sich über die Anomalien und Absurdität der englischen Verfassung auszulassen, und die Widersinnigkeiten sind in allen ihren Einzelheiten in den Parlamentsverhandlungen und in den öffentlichen Blättern ausführlich dargelegt worden. Es kann daher hier genügen, an die Hauptpunkte zu erinnern, daß nämlich Städte von geringer Bevölkerung oder auch deren – und zwar sich selbst ergänzende – Magistrate, mit Ausschluß der Bürger, sogar auf zwei bis drei Einwohner (und zwar Pächter) herabgekommene Flecken das Recht behalten haben, Sitze im Parlament zu vergeben, während viele in späteren Zeiten emporgekommene blühende Städte von hunderttausend und mehr Bewohnern von dem Rechte solcher Ernennung ausgeschlossen sind, wobei zwischen diesen Extremen noch die größte Mannigfaltigkeit sonstiger Ungleichheit vorhanden ist. Als eine nächste Folge hat sich ergeben, daß die Besetzung einer großen Anzahl von Parlamentsstellen sich in den Händen einer geringen Zahl von Individuen befindet (wie berechnet worden, die Majorität des Hauses in den Händen von 150 Vornehmen), daß ferner eine noch bedeutendere Anzahl von Sitzen käuflich, zum Teil ein anerkannter Handelsgegenstand ist, so daß der Besitz einer solchen Stelle durch Bestechung, förmliche Bezahlung einer gewissen Summe an die Stimmberechtigten, erworben wird oder überhaupt in vielfachen anderen Modifikationen sich auf ein Geldverhältnis reduziert.

Es wird schwerlich irgendwo ein ähnliches Symptom von politischer Verdorbenheit eines Volkes aufzuweisen sein. Montesquieu hat die *Tugend*, den uneigennützigen Sinn der Pflicht gegen den Staat, für das Prinzip der demokratischen Verfassung erklärt; in der englischen hat das demokratische Element ein bedeutendes Gebiet in der Teilnahme des Volks an der Wahl der Mitglieder des Unterhauses, – der Staatsmänner, welchen der wichtigste Teil der über die allgemeinsten Angelegenheiten beschließenden Macht zukommt. Es ist wohl eine ziemlich übereinstimmende Ansicht der pragmatischen Geschichtsschreiber, daß, wenn in einem Volke in die Wahl der Staatsvorsteher das Privatinteresse und ein schmutziger Geldvorteil sich überwiegend einmischt, solcher Zustand als der Vorläufer des notwendigen Verlustes seiner politischen Freiheit, des Untergangs seiner Verfassung und des Staates selbst zu betrachten sei. Dem Stolze der englischen Freiheit gegenüber dürfen wir Deutsche wohl anführen, daß, wenn auch die ehemalige deutsche Reichsverfassung gleichfalls ein unförmliches Aggregat von partikulären Rechten gewesen, dieselbe nur das äußere Band der deutschen Länder war und das Staatsleben in diesen in Beziehung auf die Besetzung und die Wahlrechte zu den in ihnen bestandenen Ländern nicht solche Anomalie wie die erwähnte, noch weniger jene alle Volksklassen durchdringende Eigensucht in sich hatte. Wenn nun auch neben dem demokratischen Elemente das aristokratische in England eine so höchst bedeutende Macht ist und es den rein aristokratischen Regierungen wie Venedig, Genua, Bern usf. zum Vorwurfe gemacht worden, daß sie ihre Sicherheit und Festigkeit in dem Versenken des von ihnen beherrschten Volks in gemeine Sinnlichkeit und in die Sittenverderbnis desselben finden, und wenn es ferner selbst zur Freiheit gerechnet wird, seine Stimme ganz nach Gefallen, welches

Motiv [auch] den Willen bestimme, zu geben, so ist es als ein gutes Zeichen von dem Wiedererwachen des moralischen Sinnes in dem englischen Volke anzuerkennen, daß eines der Gefühle, welche das Bedürfnis einer Reform herbeigeführt, der Widerwille gegen jene Verderbtheit ist. Man wird es gleichfalls für den richtigen Weg anerkennen, daß der Versuch der Verbesserung nicht mehr bloß auf moralische Mittel der Vorstellungen, Ermahnungen, Vereinigung einzelner Individuen, um dem Systeme der Korruption nichts zu verdanken und ihm entgegenzuarbeiten, gestellt werden soll, sondern auf die Veränderung der Institutionen; das gewöhnliche Vorurteil der Trägheit, den alten Glauben an die Güte einer Institution noch immer festzuhalten, wenn auch der davon abhängende Zustand ganz verdorben ist, hat auf diese Weise endlich nachgegeben. Eine durchgreifendere Reform ist um so mehr gefordert worden, als die beim Eintritt jedes neuen Parlaments aus Veranlassung der Anklagen wegen vorgefallener Bestechung veranlaßten Propositionen zu einer Verbesserung ohne bedeutenden Erfolg blieben, – als selbst der kürzlich gemachte, sich so sehr empfehlende Vorschlag, das wegen erwiesener Bestechung einem Flecken genommene Wahlrecht auf die Stadt Birmingham zu übertragen und damit eine billige Geneigtheit selbst [nur] zu einer höchst gemäßigten Abstellung der auffallendsten Ungleichheit zu bezeigen, durch ministerielle Parlamentstaktik besonders des sonst für freisinniger gepriesenen Ministers Peel wegmanövriert worden war und ein im Beginn der Sitzung des gegenwärtigen Parlaments genommener großer Anlauf sich darauf reduziert hatte, daß den Kandidaten verboten worden, *Bänder* an die ihnen günstig gesinnten Wähler ferner auszuteilen. Die Anklagen eines zur Wahlberechtigten Orts wegen Bestechung und die Untersuchungen und der Prozeß darüber waren, da die Mitglieder der beiden Häuser, welche die Richter über solches Verbrechen sind, in überwiegender Anzahl in das System der Korruption verwickelt sind und im Unterhause die Mehrzahl ihre Sitze demselben verdankt, für bloße Farcen und selbst für schamlose Prozeduren zu offen und zu laut erklärt worden, als daß auf solchem Wege auch nur einzelne Remeduren noch erwartet werden konnten.

86

Der im Parlament gegen Angriffe auf positive Rechte sonst gewöhnliche Grund, der aus der *Weisheit der Vorfahren* hergenommen wird, ist bei dieser Gelegenheit nicht geltend gemacht worden; denn mit dieser Weisheit, welche darein zu setzen ist, daß die Austeilung von Wahlrechten der Parlamentsmitglieder nach der damaligen Bevölkerung oder sonstigen Wichtigkeit der Grafschaften, Städte und Burgflecken bemessen worden ist, steht das Verhältnis in zu grellem Widerstreit, wie sich Bevölkerung, Reichtum, Wichtigkeit der Landschaften und der Interessen in neueren Zeiten gestellt haben. Auch ist der Gesichtspunkt, daß so viele Individuen eine Einbuße an Vermögen, eine noch größere Menge an einer Geldeinnahme verlieren, nicht zur Sprache gebracht worden; der Geldgewinn, der aus der direkten Bestechung gezogen wird, ist, obgleich alle Klassen durch Geben oder Empfangen dabei beteiligt sind, gesetzwidrig. Der Kapitalwert, der an den Burgflecken, denen ihr Wahlrecht genommen werden soll, verlorengeht, gründet sich auf die im Lauf der Zeiten geschehene Verwandlung eines politischen Rechts in einen Geldwert, und obgleich der Erwerb um einen Preis, der nunmehr herabsinkt, so gut als beim Ankauf von Sklaven *bona fide* geschehen und sonst im englischen Parlament bei neuen Gesetzen in solchem Fall sehr auf die Erhaltung reellen Eigentums und auf Entschädigung, wenn für dasselbe ein Verlust entsteht, Bedacht genommen wird, so sind doch im gegenwärtigen Falle keine Ansprüche darauf, noch Schwierigkeiten von dieser Seite her erhoben worden, sosehr dieser Umstand als Motiv gegen die Bill bei einer Anzahl von Parlamentsgliedern wirksam sein mag.

Dagegen wird ein anderes, England vorzugsweise eigentümliches Rechtsprinzip durch die Bill angegriffen, nämlich der Charakter des *Positiven*, den die englischen Institutionen des Staatsrechts und Privatrechts überwiegend an sich tragen. Jedes Recht und dessen Gesetz ist zwar der Form nach ein positives, von der obersten Staatsgewalt verordnetes und gesetztes, dem darum, weil es Gesetz ist, Gehorsam geleistet werden muß. Allein zu keiner Zeit mehr als heutigentages ist der allgemeine Verstand auf den Unterschied geleitet worden, ob die Rechte auch nach ihrem *materiellen Inhalte* nur positiv oder auch an und für sich recht und vernünftig sind, und bei keiner Verfassung wird das Urteil so sehr veranlaßt, diesen Unterschied zu beachten, als bei der englischen, nachdem die Kontinentalvölker sich so lange durch die Deklamationen von englischer Freiheit und durch den Stolz der Nation auf ihre Gesetzgebung haben imponieren lassen. Bekanntlich beruht diese durch und durch auf besonderen Rechten, Freiheiten, Privilegien, welche von Königen oder Parlamenten auf besondere Veranlassungen erteilt, verkauft, geschenkt oder ihnen abgetrotzt worden sind; die *Magna Charta, Bill of rights*, diese wichtigsten Grundlagen der englischen Verfassung, die nachher durch Parlamentsbeschlüsse weiter bestimmt worden sind, sind mit Gewalt abgedrungene Konzessionen oder Gnadengeschenke, Pacta usf., und die Staatsrechte sind bei der privatrechtlichen Form ihres Ursprungs und damit bei der Zufälligkeit ihres Inhalts stehengeblieben. Dieses in sich unzusammenhängende Aggregat von positiven Bestimmungen hat noch nicht die Entwicklung und Umbildung erfahren, welche bei den zivilisierten Staaten des Kontinents durchgeführt worden und in deren Genuß z.B. die deutschen Länder sich seit längerer oder kürzerer Zeit befinden.

In England mangelten bisher die Momente, welche den vornehmlichen Anteil an diesen so glorreichen als glücklichen Fortschritten haben. Unter diesen Momenten steht obenan die wissenschaftliche Bearbeitung des Rechts, welche einerseits allgemeine Grundlagen auf die besonderen Arten und deren Verwicklungen angewendet und in ihnen durchgeführt, andererseits das Konkrete und Spezielle auf einfachere Bestimmungen zurückgebracht hat; daraus konnten die nach allgemeinen Prinzipien überwiegend verfaßten Landrechte und staatsrechtlichen Institutionen der neueren Kontinentalstaaten hervorgehen, wobei in Ansehung des Inhalts dessen, was gerecht sei, der allgemeine Menschenverstand und die gesunde Vernunft ihren gebührenden Anteil haben durften. Denn ein noch wichtigeres Moment in Umgestaltung des Rechts ist zu nennen, – der große Sinn von Fürsten, solche Prinzipien wie das Beste des Staates, das Glück ihrer Untertanen und den allgemeinen Wohlstand, vornehmlich aber das Gefühl einer an und für sich seienden Gerechtigkeit zu dem Leitstern ihrer legislatorischen Wirksamkeit zu machen, mit welcher zugleich die gehörige monarchische Macht verbunden ist, um solchen Prinzipien gegen bloß positive

Privilegien, hergebrachten Privateigennutz und den Unverstand der Menge Eingang und Realität zu verschaffen. England ist so auffallend in den Institutionen wahrhaften Rechts hinter den anderen zivilisierten Staaten Europas aus dem einfachen Grunde zurückgeblieben, weil die Regierungsgewalt in den Händen derjenigen liegt, welche sich in dem Besitz so vieler einem vernünftigen Staatsrecht und einer wahrhaften Gesetzgebung widersprechender Privilegien befinden.

Dieses Verhältnis ist es, auf welches die projektierte Reformbill eine bedeutende Einwirkung haben soll, – nicht aber etwa dadurch, daß das monarchische Element der Verfassung eine Erweiterung von Macht bekommen sollte; im Gegenteil, wenn der Bill nicht sogleich allgemeine Ungunst entgegenkommen soll, muß die Eifersucht gegen die Macht der Krone, wohl das hartnäckigste englische Vorurteil, geschont bleiben, und die vorgeschlagene Maßregel verdankt vielmehr einen Teil ihrer Popularität dem Umstande, daß jener Einfluß durch sie noch geschwächt gesehen wird. Was das große Interesse erweckt, ist die Besorgnis einerseits, die Hoffnung andererseits, daß die Reform des Wahlrechts andere materielle Reformen nach sich ziehen werde. Das englische Prinzip des Positiven, auf welchem dort, wie bemerkt, der allgemeine Rechtszustand beruht, leidet durch die Bill in der Tat eine Erschütterung, die in England ganz neu und unerhört ist, und der Instinkt wittert aus diesem Umsturz der formellen Grundlage des Bestehenden die weitergreifenden Veränderungen.

Von solchen Aussichten ist im Verlaufe der Verhandlungen des Parlaments einiges, doch mehr beiläufig, erwähnt worden; die Urheber und Freunde der Bill mögen teils in dem guten Glauben sein, daß sie nicht weiterführe, als sie eben selbst reicht, teils, um die Gegner nicht heftiger aufzuregen, ihre Hoffnungen nicht lauter werden lassen, – wie die Gegner das, wofür sie besorgt sind, nicht als einen Preis des Sieges vorhalten mögen; da sie viel besitzen, haben sie allerdings viel zu verlieren. Daß aber von dieser substantielleren Seite der Reform nicht mehr im Parlament zur Sprache gebracht worden ist, daran hat die Gewohnheit einen großen Anteil, daß bei wichtigen Gegenständen in dieser Versammlung immer die meiste Zeit mit Erklärungen der Mitglieder über ihre persönliche Stellung verbracht wird; sie legen ihre Ansichten nicht als Geschäftsmänner, sondern als privilegierte Individuen und Redner vor. Es ist in England für die Reform ein weites, die wichtigsten Zwecke der bürgerlichen und Staatsgesellschaft umfassendes Feld offen. Die Notwendigkeit dazu beginnt gefühlt zu werden; einiges von dem, worauf bei der Gelegenheit gedeutet worden, mag als Beispiel dienen, wieviel Arbeit, die anderwärts abgetan ist, für England noch bevorsteht.

Unter den Aussichten auf materielle Verbesserungen wird zu allererst die Hoffnung zu *Ersparnissen* in der Verwaltung gemacht; so oft aber dies Ersparen als durchaus notwendig für die Erleichterung des Drucks und des allgemeinen Elends, in dem sich das Volk befinde, von der Opposition angeregt wird, so wird auch jedesmal wiederholt, daß alle Anstrengungen dafür bisher vergeblich gewesen, auch die von den Ministerien und selbst in der Thronrede gegebene populäre Hoffnung jedesmal getäuscht worden sei. Diese Deklamationen werden nach allen seit fünfzehn Jahren gemachten Reduktionen der Taxen auf dieselbe Weise wiederholt. Zur endlichen Erfüllung derselben werden in einem reformierten Parlament bessere Aussichten gezeigt, nämlich in der größeren Unabhängigkeit einer größeren Anzahl seiner Mitglieder von dem Ministerium, auf dessen Schwäche, Hartherzigkeit gegen das Volk, Interesse usf. die Schuld einer fortdauernden übermäßigen Ausgabe geschoben wird. Zieht man aber die Hauptartikel der englischen Staatsausgabe in Erwägung, so zeigt sich kein großer Raum für das *Ersparen*; der eine, die Zinsen der enormen Staatsschuld, ist keiner Verminderung fähig; der andere, die Kosten der Land- und Seemacht mit Einschluß der Pensionen, hängt nicht nur mit dem politischen Verhältnisse, besonders mit dem Interesse der Basis der englischen Existenz, des Handels, und mit der Gefahr innerer Aufstände, sondern auch mit den Gewohnheiten und Anforderungen der diesem Stande sich widmenden Individuen, im Wohlleben und Luxus den anderen Ständen nicht nachzustehen, aufs innigste zusammen, so daß sich ohne Gefahr hier nichts abdingen ließe. Die Rechnungen, welche das Geschrei über die so berüchtigten Sinekuren an den Tag gebracht hat, haben gezeigt, daß auch eine gänzliche, ohne große Ungerechtigkeit nicht zu bewirkende Aufhebung derselben kein wichtiger Gegenstand

91

sein würde. Aber man braucht sich auf das Materielle nicht einzulassen, sondern nur zu bemerken, daß die unermüdlichen, in das kleinste Detail der Finanzen eingehenden Bemühungen eines *Hume* so gut als immerfort erfolglos sind; dies kann nicht allein der Korruption der Aristokratie des Parlaments und der Nachgiebigkeit des Ministeriums gegen sie, deren Beistand es bedarf und welche sich und ihren Verwandten die mannigfachsten Vorteile durch Sinekuren, überhaupt einträgliche Stellen der Verwaltung, des Militärdienstes, der Kirche und des Hofes verschaffe, zugeschrieben werden. Die verhältnismäßig sehr geringe Stimmenzahl, welche solche Vorschläge zur Verminderung der Ausgaben für sich zu haben pflegen, deutet auf einen geringen Glauben an die Möglichkeit oder auf ein schwaches Interesse für solche Erleichterungen des angeblichen allgemeinen Drucks, gegen welchen die Parlamentsglieder allerdings durch ihren Reichtum geschützt sind. Diejenige Fraktion derselben, welche für unabhängig gilt, pflegt auf selten des Ministeriums zu sein, und diese Unabhängigkeit zeigt sich zuweilen geneigt, weiter zu gehen, als es ihrem gewöhnlichen Verhalten oder den Vorwürfen der Opposition nach scheinen sollte, bei Gelegenheiten, wo das Ministerium ein ausdrückliches näheres Interesse für eine Geldbewilligung darlegt; wie denn vor einigen Jahren eine Zulage von 1000 Pfd., die für den so geachteten *Huskisson*, welcher wegen Überhäufung seiner verdienstlichen Geschäfte im Handelsbüro eine einträgliche Stelle aufgab, von dem Ministerium mit großem Interesse in Vorschlag gebracht wurde, mit großer Majorität abgeschlagen worden ist; wie dies auch bei Vorschlägen von Erhöhung der für England eben nicht reichlich zugemessenen Apanagen königlicher Prinzen nicht selten gewesen ist. In diesen eine Persönlichkeit und das Gefühl von Anstand betreffenden Fällen hat die Leidenschaftlichkeit die sonst bewiesene Lauigkeit des Parlaments für Ersparnisse überwunden. – So viel ist wohl einleuchtend, daß keine Reformbill die Ursachen der hohen Besteuerung in England direkt aufzuheben vermag; Englands und Frankreichs Beispiel könnte sogar zu der Induktion führen, daß Länder, in welchen die Staatsverwaltung in die Bewilligung von Versammlungen, die vom Volke gewählt sind, gelegt ist, am stärksten mit Auflagen belastet sind; in Frankreich, wo der Zweck der englischen

Reformbill, das Wahlrecht auf eine beträchtlichere Anzahl von Bürgern auszudehnen, in ziemlich großem Maße ausgeführt ist, wurde soeben in französischen Blättern das Budget dieses Landes mit einem hoffnungsvollen Kinde verglichen, das täglich bedeutende Fortschritte mache. Um gründliche Vorkehrungen zu treffen, den drückenden Zustand der englischen Staatsverwaltung zu mindern, würde zu tief in die innere Verfassung der partikulären Rechte eingegriffen werden müssen; es ist keine Macht vorhanden, um bei dem enormen Reichtum der Privatpersonen ernstliche Anstalten zu einer erklecklichen Verminderung der ungeheuren Staatsschuld zu machen. Die exorbitanten Kosten der verworrenen Rechtspflege, die den Weg der Gerichte nur den Reichen zugänglich machen, – die Armentaxe, welche ein Ministerium in Irland, wo die Notwendigkeit sosehr als die Gerechtigkeit sie forderte, nicht einzuführen vermögen würde, – die Verwendung der Kirchengüter, der noch weiter Erwähnung geschehen wird, – und viele andere große Zweige des gesellschaftlichen Verbandes setzen für eine Abänderung noch andere Bedingungen in der Staatsmacht voraus, als in der Reformbill enthalten sind. – Beiläufig wurde im Parlament die in Frankreich geschehene Abschaffung der Zehnten der Kirche, der gutsherrlichen Rechte, der Jagdrechte erwähnt; alles dies sei unter den Auspizien eines patriotischen Königs und eines reformierten Parlaments geschehen; und die Richtung der Rede scheint die Aufhebung von Rechten jener Art für sich schon als einen bedauerlichen Umsturz der ganzen Konstitution zu bezeichnen, außerdem daß sie noch die greuelvolle Anarchie jenes Landes zur Folge gehabt habe. Bekanntlich sind in anderen Staaten dergleichen Rechte nicht nur ohne solche Folgen verschwunden, sondern die Abschaffung derselben ist als eine wichtige Grundlage von vermehrtem Wohlstand und wesentlicher Freiheit betrachtet worden. Daher möge einiges weitere darüber hier angeführt werden.

Was zuerst den *Zehnten* betrifft, so ist in England längst das Drückende dieser Abgabe bemerklich gemacht worden; abgesehen von der besonderen Gehässigkeit, die auf solcher Art von Abgabe überhaupt liegt, in England aber vollends nicht wunder nehmen kann, wenn daselbst in manchen Gegenden der Geistliche täglich aus den Kuhställen den zehnten Topf der gemolkenen Milch, das zehnte der täglich gelegten Eier usf. zusammenholen läßt, so ist auch die Unbilligkeit gerügt worden, die in dieser Abgabe durch die Folge liegt, daß, je mehr durch Fleiß, Zeit und Kosten der Ertrag des Bodens erhöht wird, um so mehr die Abgabe steigt, somit auf die Verbesserung der Kultur, worein in England große Kapitalien gesteckt werden, statt sie aufzumuntern, eine Steuer gelegt wird. Der Zehnte gehört der Kirche in England; in anderen, besonders protestantischen Ländern ist zum Teil längst (in preußischen Ländern schon vor mehr als hundert Jahren), zum Teil neuerlich der Zehnte ohne Pomp und Aufsehen wie ohne Beraubung und Ungerechtigkeit abgeschafft oder ablösbar gemacht und den Einkünften der Kirche das Drückende benommen und ihnen zweckmäßigere und anständigere Erhebung gegeben worden. In England hat aber auch sonst die Natur der ursprünglichen Berechtigung des Zehnten eine wesentlich verkümmerte und verkehrte Wendung erhalten; die Bestimmung für die Subsistenz der Religionslehrer und die Erbauung und Unterhaltung der Kirchen ist überwiegend in die Art und Weise eines Ertrags von Privateigentum übergegangen; das geistliche Amt hat den Charakter einer Pfründe, und die Pflichten desselben haben sich in Rechte auf Einkünfte verwandelt. Abgerechnet, daß eine Menge einträglicher geistlicher Stellen, Kanonikate, ganz ohne Amtsverrichtungen sind, ist es nur zu sehr bekannt, wie häufig es geschieht, daß englische Geistliche sich mit allem anderen als mit den Funktionen ihres Amts, mit Jagd usf. und sonstigem Müßiggang beschäftigen, die reichen Einkünfte ihrer Stellen in fremden Ländern verzehren und die Amtsverrichtungen einem armen Kandidaten für ein Almosen, das ihn zur Not gegen Hungertod schützt, übertragen. Über den Zusammenhang, in welchem hier der Besitz einer geistlichen Stelle und der Bezug der Einkünfte derselben mit der Ausübung der Pflichten des Amtes verbunden mit sittlichem Wandel stehen, darüber gibt ein vor etlichen Jahren bei den Gerichten verhandeltes Beispiel eine umfassende Vorstellung. Gegen einen Geistlichen, namens Frank, wurde bei Gericht der Antrag gemacht, denselben wegen Wahnsinns für unfähig, sein Vermögen zu verwalten, zu erklären und dieses unter Kuratel zu stellen; er hatte eine Pfarre von 800 Pfd. Einkünften, außer anderen Pfründen von etwa 600 Pfd. (etwas weniger als 10000 Rtlr.); die gerichtliche Klage aber wurde von seinem Sohne, als dieser majorenn geworden, im Interesse der Familie angebracht. Die durch viele Tage und eine Menge von Zeugenaussagen öffentlich abgelegte Beweisführung über die angeschuldigte Verrücktheit brachte Handlungen dieses Pfarrers zum Vorschein, die derselbe, von einer geistlichen Behörde ganz ungestört, in einem Laufe von Jahren sich hatte zuschulden kommen lassen, und z.B. von der Beschaffenheit, daß er einmal am hellen Tage durch die Straßen und über die Brücke seiner Stadt, in höchst unanständiger Gesellschaft, unter dem Gefolge einer Menge höhnender Gassenjungen gezogen war; – noch viel skandalöser waren die ebenfalls durch Zeugen erhärteten eigenen häuslichen Verhältnisse des Mannes. Solche Schamlosigkeit eines Geistlichen von der englischen Kirche hatte ihm in dem Besitze seines Amtes und im Genüsse der Einkünfte seiner Pfründen keinen Eintrag getan; die Verachtung, in welche die Kirche durch solche Beispiele am meisten dadurch verfällt, daß sie, der Einrichtung einer bischöflichen Hierarchie unerachtet, solcher Verdorbenheit und deren Skandal von sich aus nicht steuert, trägt, wie die Habsucht anderer Geistlichen in Beitreibung ihrer Zehnten, das Ihrige dazu bei, auch diejenige Achtung zu vermindern, welche von dem englischen Publikum für das Eigentumsrecht der Kirche gefordert wird. Daß solches Eigentum durch seine Bestimmung für den religiösen Zweck einen ganz anderen Charakter habe als Privateigentum, über das die freie Willkür der Besitzer zu disponieren hat, – daß diese Verschiedenheit ein verschiedenes Recht begründe und der Genuß dieses Vermögens an Pflichten als Bedingungen geknüpft sei und daß jener Zweck in protestantischen Staaten eine Berechtigung der Staatsgewalt, für die Erfüllung dieses Zwecks und der an Einkünfte geknüpften Pflichten mitzuwachen, begründe, – dergleichen Grundsätze scheinen in England noch ganz fremd und unbekannt zu sein. Bei dem abstrakten Gesichtspunkte des Privatrechts hierüber stehenzubleiben, ist aber zu sehr in dem Vorteile der Klasse, die im Parlamente überwiegenden Einfluß hat, dadurch mit dem Ministerium, das die hohen und einträglichsten geistlichen Stellen zu vergeben hat, zusammenhängt und die jüngeren Söhne oder Brüder, die, da der

Grundbesitz in England im allgemeinen nur auf den ältesten Sohn übergeht, ohne Vermögen gelassen werden, durch solche Pfründen zu versorgen das Interesse hat. Dieselbe Klasse soll auch nach der Reformbill ihre Stellung im Parlament behalten, sogar noch erweitern; es ist daher sehr problematisch, ob sie für ihr Interesse, in Rücksicht auf die Reichtümer der Kirche und ihr Patronat, etwas zu besorgen habe.

Die Besorgnisse über eine Reform eines solchen Zustandes der englischen Kirche haben alle Ursache, sich besonders auf ihr Etablissement in Irland zu erstrecken, welches seit mehreren Jahren, vornehmlich im Betriebe der Angelegenheit der Emanzipation, die für sich nur die politische Seite betraf, so heftig angegriffen worden ist. Die der katholischen Kirche, zu der bekanntlich die Mehrzahl der irländischen Bevölkerung gehört, daselbst ehemals gehörigen Güter, die Kirchen selbst, die Zehnten, die Verpflichtung der Gemeinden, die Kirchengebäude in baulichem Zustande zu erhalten, die Utensilien des Gottesdienstes, auch den Unterhalt der Küster usf. zu beschaffen, alles dies ist kraft des Eroberungsrechtes der katholischen Kirche genommen und zum Eigentume der anglikanischen gemacht worden. In Deutschland hat der dreißigjährige Krieg vor mehr als anderthalbhundert Jahren und in neuerer Zeit die vernünftige Bildung mit sich geführt, daß einem Lande oder einer Provinz, Stadt, Dorf die der Kirche ihrer Bevölkerung gehörigen Güter belassen worden sind oder daß auf andere Weise für das Bedürfnis des Kultus gesorgt worden ist; (die Religion des Fürsten und der Regierung hat die Kirchengüter des Gebiets, die zu einem anderen Kultus gehören, nicht eingezogen). Selbst die Türken haben den ihnen unterworfenen Christen, Armeniern, Juden meist ihre Kirchen gelassen; indem sie ihnen auch verboten, dieselben, wenn sie verfielen, zu reparieren, lassen sie doch die Erlaubnis dazu erkaufen; aber die Engländer haben der von ihnen besiegten katholischen Bevölkerung alle Kirchen weggenommen. Die Irländer, deren Armut, Elend und daraus entstehende Verwilderung und Demoralisation im Parlamente ein stehendes, von allen Ministerien eingestandenes Thema ist, sind gezwungen, ihre eigenen Geistlichen aus den wenigen Pfennigen, die sie besitzen können, zu besolden und ein

Lokal für den Gottesdienst zu beschaffen, dagegen die Zehnten alles Güterertrages an anglikanische Geistliche zu bezahlen, in deren weitläufigen, selbst zwei, drei, sechs und mehr eigentliche Pfarrdörfer in sich begreifenden Kirchsprengeln sich oft nur sehr wenige Protestanten (zuweilen ist der Küster der einzige) befinden; sie sind gezwungen, auch die Reparatur der nun anglikanischen Kirchengebäude, die Beschaffung der Utensilen des Kultus usf. zu bezahlen. Die Feinde der Emanzipation haben vornehmlich auch das Schreckbild der Reform solcher schreienden Ungerechtigkeit als einer wahrscheinlichen Folge jener Maßregel vorgehalten; aber die Freunde derselben haben sich und ihre Anhänger im Gegenteil wesentlich damit beruhigt, daß mit der Emanzipation die Forderungen der Katholiken befriedigt und das Etablissement der anglikanischen Kirche in Irland um so gesicherter sein werde. Dies in einer zivilisierten und christlich-protestantischen Nation beispiellose Verhältnis und der positive Rechtstitel, durch Eigennutz aufrechtgehalten, hat bisher gegen die vorauszusetzende religiöse Gesinnung der anglikanischen Geistlichkeit und gegen die Vernunft des englischen Volkes und seiner Repräsentanten ausgehalten; die Reformbill versetzt zwar etliche irische Mitglieder mehr, worunter auch Katholiken sein können, in das Unterhaus; diesem Umstande möchte dagegen die in derselben Bill enthaltene Vermehrung der Mitglieder aus derjenigen Klasse, deren Interesse mit jenem Zustande der Kirche zusammenhängt, mehr als das Gleichgewicht halten. 98

Die *gutsherrlichen Rechte*, welche gleichfalls in jener Besorgnis der sich auf sie mit der Zeit ausdehnenden Reform befaßt werden können, gehen in England seit langem nicht mehr bis zur Hörigkeit der ackerbauenden Klasse, aber drücken auf die Masse derselben so sehr als die Leibeigenschaft, ja drücken sie zu einer ärgeren Dürftigkeit als die Leibeigenen herab. In England selbst, zwar in der Unfähigkeit gehalten, Grundeigentum zu besitzen, und auf den Stand von Pächtern oder Tagelöhnern reduziert, findet sie teils in dem Reichtume Englands überhaupt und in der ungeheuren Fabrikation, wenn diese in Flor ist, Arbeit; aber mehr noch halten die Armengesetze, die ein jedes Kirchspiel verpflichten, für seine Armen zu sorgen, die Folgen der äußersten Dürftigkeit von ihr ab. In Irland dagegen hat die allgemeine Eigentumslosigkeit der von der Arbeit des Ackerbaus lebenden Klasse diesen Schutz nicht; die Beschreibungen der Reisenden wie die parlamentarisch dokumentierten Angaben schildern den allgemeinen Zustand der irischen Landbauern als so elend, wie sich selbst in kleinen und armen Distrikten der zivilisierten, auch der in der Zivilisation zurückstehenden Länder des Kontinents nicht leicht Beispiele finden. Die Eigentumslosigkeit der Landbau treibenden Klasse hat ihren Ursprung in Verhältnissen und Gesetzen des alten Lehensrechts, welches jedoch, wie es auch noch in mehreren Staaten besteht, dem am Boden, den er zu bauen hat, angehefteten Bauern eine Subsistenz auf demselben sichert; indem aber auf einer Seite die irischen Leibeigenen wohl persönliche Freiheit besitzen, haben auf der andern Seite die Gutsherren das Eigentum so vollständig an sich genommen, daß sie sich von aller Verbindlichkeit, für die Subsistenz der Bevölkerung, die das ihnen gehörige Land baut, zu sorgen, losgesagt haben. Nach dieser Berechtigung geschieht es, daß Gutsherren, wenn sie eine Kultur des Bodens für vorteilhafter finden, bei der sie weniger Hände bedürfen, die bisherigen Bebauer, die für ihre Subsistenz an diesen Boden so gut als 99 die Leibeigenen gebunden waren und deren Familien seit Jahrhunderten Hütten auf diesem Boden bewohnten und ihn bebauten, zu Hunderten, ja Tausenden aus diesen Hütten, die nicht das Eigentum der Bewohner sind, vertrieben und den schon Besitzlosen auch die Heimat und die angeerbte Gelegenheit ihrer Subsistenz entzogen, – von Rechts wegen; auch dies von Rechts wegen, daß sie, um sie gewiß aus dem Grunde jener Hütten auszujagen und ihnen die Zögerung des Auszuges oder das Wiedereinschleichen unter solches Obdach abzuschneiden, diese Hütten verbrennen ließen.

Dieser Krebsschaden Englands wird jahraus jahrein dem Parlament vorgelegt; wie viele Reden sind darüber gehalten, wie viele Komitees niedergesetzt, wie viele Zeugen abgehört, wie viele gründliche Reports abgestattet, wie viele Mittel vorgeschlagen worden, die entweder ganz ungenügend oder ganz unausführbar schienen! Der vorgeschlagene Abzug der Überzahl der Armen durch Kolonisation müßte, um eine Wirkung zu versprechen, wenigstens eine Million Einwohner fortnehmen; wie dies bewirken? abgesehen davon, daß der dadurch entstehende leere Raum, wenn die sonstigen Gesetze und Verhältnisse blieben, auf dieselbe Weise, wie er vorher angefüllt war, sich bald ausfüllen würde. Eine Parlamentsakte (*subletting act*), welche die Verteilung in kleine Pachte, die Unterkunftsweise und den Brutboden der fruchtbaren Bettlerklasse in Irland beschränken sollte, zeigte sich so wenig geschickt, dem Übel abzuhelfen, daß sie, nach ein paar Jahren des Versuchs, kürzlich zurückgenommen werden mußte. Der Zeitpunkt des Übergangs von Lehnbesitz in Eigentum ist ungenutzt, der ackerbauenden Klasse Grundeigentum einzuräumen, vorübergegangen; einige Möglichkeit dazu könnte durch Änderung der Erbrechte, Einführung der gleichen Verteilung des elterlichen Vermögens unter die Kinder, die Befugnis der Beschlagnahme und des Verkaufs der Güter zu Bezahlung der Schulden, überhaupt durch Änderung des rechtlichen Charakters des Grundeigentums, der unsägliche Formalitäten und Kosten bei der Veräußerung usf. nach sich zieht, eingeführt werden. 100 Aber die englische Gesetzgebung über Eigentum hat in diesen wie in vielen anderen Stücken zu weit hin zu der Freiheit desselben, deren es in den Kontinentalländern genießt, alle Privatverhältnisse sind zu tief in diese Fesseln eingewachsen. Vollends würde die Eröffnung der Möglichkeit für die landbautreibende Klasse, Grundeigentum zu erwerben, durch Änderung dieser Gesetze nur höchst unbedeutend sein im Verhältnis zum Ganzen; die Schwäche der monarchischen Macht hat über jenen Übergang nicht wachen können; die parlamentarische Gesetzgebung bleibt auch nach der Reformbill in den Händen derjenigen Klasse, die ihr Interesse und noch mehr ihre starre Gewohnheit in dem bisherigen Systeme der Eigentumsrechte hat, und ist bisher immer nur darauf gerichtet, den Folgen des Systems, wenn die Not und das Elend zu schreiend wird, direkt, somit durch Palliative (wie der *subletting act*) oder moralische Wünsche (daß die irländischen Gutsbesitzer ihre Residenz in Irland nehmen möchten u. dgl.) abzuhelfen.

Auch ist der *Jagdrechte* erwähnt worden als eines Gegenstandes, welcher einer Reform ausgesetzt werden könnte, – ein Punkt, dessen Berührung so vielen englischen Parlamentsmitgliedern und deren Zusammenhang an das Herz greift; aber der Unfug und die Übelstände sind zu groß geworden, als daß nicht eine Veränderung der Gesetze hierüber in Anregung hätte gebracht werden müssen; insbesondere hat die Vermehrung der Gefechte und Morde, die von den Wilddieben an den Parkaufsehern begangen werden, des Verlusts an Wild, den die Gutsbesitzer in ihren Parks erleiden, insbesondere der Verbrechen des Wilddiebstahls, die vor die Gerichte kommen, doch nur ein kleiner Teil derjenigen sind, welche wirklich verübt werden, dann der harten, unverhältnismäßigen Strafen, die auf das unberechtigte Jagen gesetzt sind und verhängt werden – denn es ist die jagdberechtigte Aristokratie selbst, welche diese Gesetze machte und wieder in der Qualität von Magistratspersonen und Geschwornen zu Gerichte sitzt –, eine allgemeine Aufmerksamkeit auf sich gezogen. Das Interesse der Jagdliebhaber wird gleichfalls durch die große Ausdehnung der Jagdberechtigung in den offenen Gebieten in Anspruch genommen; der Sohn eines Squire hat das Jagdrecht, und jeder Pfarrer gilt für einen Squire, so daß der Sohn diesen Vorzug haben kann, den der Vater, wenn er nicht selbst schon Sohn eines Squire ist, nicht besitzt usf. Seit mehreren Jahren wird Jahr für Jahr eine Jagdbill zur Verbesserung dieser Gesetze im Parlament eingebracht, aber keine hat noch das Glück gehabt, gegen die privilegierten Jagdinteressenten durchgesetzt werden zu können; auch dem gegenwärtigen Parlament liegt eine solche Bill vor. Es muß noch für problematisch angesehen werden, inwieweit die projektierte Parlamentsreform auf diese Gesetzgebung – auf die Milderung der Strafen, auf die Beschränkung der persönlichen Jagdberechtigung, vornehmlich auch, im Interesse der feldbauenden Klasse, auf das Recht, daß die Hirsche, Hasen, Füchse mit der Koppel Hunde und mit 20, 30 und mehr Pferden und noch mehr Fußgängern durch die Saatfelder und alles offene bebaute Land verfolgt werden – einen bedeutenden Einfluß haben müßte. In vielen deutschen Ländern machte vormals der Wildschaden, die Verwüstung der Felder durch die Jagd, das Abfressen der Saaten und Früchte durch das Wild einen stehenden Artikel in den landständischen Beschwerden aus; bis jetzt hat sich die englische Freiheit noch nicht die Beschränkung solcher Rechte auferlegt, welchen die Fürsten Deutschlands zum Besten ihrer Untertanen längst entsagt haben.

Der weitschichtige Wust des englischen *Privatrechts*, welches Engländer selbst einen Augiasstall zu nennendem Stolze auf ihre Freiheit abgewinnen können, wäre genug befähigt, ein Gegenstand für die Hoffnung einer Säuberung zu werden. Das wenige, was *Robert Peel* vor einigen Jahren durchgesetzt, ist für sehr verdienstlich geachtet und von allgemeinem Lobe begleitet worden. Weiter eingehende Vorschläge, die der jetzige Lordkanzler, *Brougham*, später in einer siebenstündigen Rede zur Verbesserung der Justiz gemacht hat und die mit großem Beifall aufgenommen worden sind, haben zwar wohl die Niedersetzung von Komitees veranlaßt, aber sind bis jetzt ohne weiteren Erfolg geblieben. Soviel als in Deutschland eine mehrhundertjährige stille Arbeit der wissenschaftlichen Bildung, der Weisheit und Gerechtigkeitsliebe der Fürsten bewirkt hat, hat die englische Nation von ihrer Volksrepräsentation nicht erlangt, und in der neuen Bill sind eben keine besonderen Elemente enthalten, welche an die Stelle, teils einer bloß in Gesellschaften, durch Zeitungen und Parlamentsdebatten erlangten Bildung, teils der meist nur durch Routine erworbenen Geschicklichkeit der Rechtsgelehrten, vielmehr der gründlichen Einsicht und wirklichen Kenntnis ein Übergewicht verliehen. Die Bedingungen, welche in Deutschland auch für eine höhere Geburt, Reichtum an Grundvermögen usf. gestellt sind, um an den Regierungs- und Staatsgeschäften in den allgemeinen und in den spezielleren Zweigen teilzunehmen – theoretisches Studium, wissenschaftliche Ausbildung, praktische Vorübung und Erfahrung –, sind so wenig in der neuen Bill als in der bisherigen Organisation an die Glieder einer Versammlung gemacht, in deren Händen die ausgedehnteste Regierungs- und Verwaltungsgewalt sich befindet. Auch die neue Bill enthält nichts von dergleichen Bedingungen; sie sanktioniert gleichfalls den Grundsatz, daß eine freie Rente von zehn Pfund, aus Grundeigentum gezogen, zu dem Amt, die Befähigung zu dem Geschäfte der Regierung und Staatsverwaltung, welches im Besitze der Parlamente ist, zu beurteilen und darüber zu entscheiden, vollkommen qualifiziert. Die Vorstellung von Prüfungskommissionen, die selbst aus einsichtsvollen und erfahrenen Männern, die als Beamte Pflichten hätten, bestehen, statt einer Menge Individuen, die nur die Eigenschaft der Zehn-Pfund-Rente haben, sowie [die] Vorstellung von Beweisen der Fähigkeit, die von den Kandidaten des Gesetzgebens und Staatsverwaltens gefordert würden, ist allerdings zu weit von der unbedingten Souveränität der hierüber zum Beschließen Berechtigten entfernt.

Wenn nun für die berührten und für andere materielle Interessen vernünftigen Rechts, welche in vielen zivilisierten Staaten des Kontinents, vornehmlich in den deutschen Ländern, bereits durchgeführt sind, in England das Bedürfnis noch beinahe zu schlummern scheint, so ist es nicht aus der Erfahrung, wie wenig oder nichts von den Parlamenten, nach der bisherigen Art der Rechte der Besetzung desselben, nach dieser Seite hin geleistet worden, daß die Notwendigkeit einer Reform aufgezeigt wird; England wird dem Herzog von *Wellington* in dem beistimmen, was er kürzlich im Oberhause sagte, daß »vom Jahre 1688 an (dem Jahre der Revolution, welche das katholisch gesinnte Haus Stuart vom Throne stürzte) bis jetzt durch den Verein von Reichtum, Talenten und mannigfachen Kenntnissen, der die großen Interessen des Königreichs repräsentierte, die Angelegenheiten des Landes auf das *beste und ruhmvollste* geleitet worden sind«. Der Nationalstolz überhaupt hält die Engländer ab, die Fortschritte, welche andere Nationen in der Ausbildung der Rechtsinstitutionen gemacht, zu studieren und kennenzulernen; der Pomp und Lärm der formellen Freiheit, im Parlament und in sonstigen Versammlungen aller Klassen und Stände die Staatsangelegenheiten zu bereden und in jenem darüber zu beschließen, sowie die unbedingte Berechtigung dazu, hindert sie oder führt sie nicht darauf, in der Stille des Nachdenkens in das Wesen der Gesetzgebung und Regierung einzudringen (bei wenigen europäischen Nationen herrscht solche ausgebildete Fertigkeit des Räsonnements im Sinne ihrer Vorurteile und so wenig Tiefe der Grundsätze); der Ruhm und der Reichtum macht es überflüssig, auf die Grundlagen der vorhandenen Rechte zurückzugehen, wozu bei den Völkern, die den Druck derselben empfinden, die äußerliche Not und das dadurch geweckte Bedürfnis der Vernunft treibt.

Wir kommen zu den formelleren Gesichtspunkten zurück, die sich unmittelbarer an die vorliegende Reformbill anknüpfen. Ein Gesichtspunkt von großer Wichtigkeit, der auch von den Gegnern der Bill hervorgehoben wird, ist der, daß im Parlament die verschiedenen großen Interessen der Nation repräsentiert werden sollen, und welche Veränderungen nun diese Repräsentation durch die vorliegende Bill erleiden würde.

Die Ansichten hierüber scheinen verschieden, indem der Herzog von Wellington äußert, daß, der in Rede stehenden Bill zufolge, die größere Masse der Wähler aus Krämern bestehen würde; hiermit schiene das Handelsinteresse Vorteile zu erlangen; allein die Ansicht ist allgemein und wird zu ihren Gunsten sehr geltend gemacht, daß der Landbesitz und das Ackerbauinteresse nicht nur nichts von ihrem Einflusse verlieren, sondern, indem der Entwurf von den aufzuhebenden bisherigen Wahlberechtigungen den großen Städten oder dem Handelsinteresse nur 25 Mitglieder, den Grafschaften aber oder dem Landbesitz mit Einschluß kleinerer Städte, wo auch meistenteils der Einfluß des Landbesitzers obwalte, die übrigen 81 zuteile, vielmehr eine relative Erweiterung erhalten werde. Besonders merkwürdig ist es in dieser Rücksicht, daß eine Anzahl von Kaufleuten, und zwar die ersten Bankiers Londons, die mit der Ostindischen Kompagnie und der Bank von England in Verbindung stehen, sich gegen die Bill erklärt haben, – und aus dem Grunde, weil diese Maßregel, während sie die Repräsentation des Königreichs auf die große Basis des Eigentums zu stützen und diese Basis auszudehnen beabsichtige, in ihrer praktischen Wirkung die *Hauptzugänge* verschließen würde, vermittels welcher die Geld-, Handels-, Schiffahrts- und Kolonialinteressen, zusammen mit allen anderen Interessen im ganzen Lande und in allen auswärtigen Besitzungen bis zu den entferntesten Punkten, bisher im Parlament repräsentiert wurden.

Diese *Hauptzugänge* sind die Flecken und Städtchen, in denen ein Parlamentssitz direkt zu kaufen steht. Es konnte bisher auf dem Wege des gewöhnlichen Handels mit Parlamentssitzen mit Sicherheit dafür gesorgt werden, daß Bankdirektoren, ingleichen Direktoren der Ostindischen Kompagnie sich im Parlament befanden, wie die großen Plantagenbesitzer auf den westindischen Inseln und andere Kaufleute, die solche große Handelszweige beherrschen, sich gleichfalls mit solchen Stellen versehen, um ihre und ihrer Assoziation Interessen wahrzunehmen, die allerdings zugleich für das Gesamtinteresse Englands so wichtig sind. Aus dem letzten Parlament wurde der Bankdirektor Manning, der seit vielen Jahren darin saß, darum ausgeschlossen, weil von seinem Konkurrenten die Anwendung von Bestechung bei seiner Wahl bewiesen wurde. Daß die unterschiedenen großen Interessen der Nation in ihrem großen Rate repräsentiert werden sollen, ist ein England eigentümlicher Gesichtspunkt, der in seiner Art auch der Konstitution der älteren Reichs- und Landstände in allen Monarchien Europas zugrunde gelegen hat, wie er noch, z.B. in der schwedischen Verfassung, die Basis der Abordnung zum Reichstage ausmacht. Er ist dem modernen Prinzip, nach welchem nur der abstrakte Wille der Individuen als solcher repräsentiert werden soll, entgegengesetzt, und wenn in England zwar auch die subjektive Willkür der Barone und der sonstigen zur Wahl Privilegierten die Grundlage der Besetzung der Stellen ausmacht, hiermit die Repräsentation der Interessen selbst dem Zufall anheimgestellt ist, so gilt sie doch für ein so wichtiges Moment, daß die angesehensten Bankiers sich nicht schämen, in die Korruption des Verkaufs von Parlamentsstellen einzugehen und sich in einer öffentlichen Erklärung an das Parlament zu beschweren, daß jenen großen Interessen durch die Bill dieser der Zufälligkeit nicht ausgesetzte Weg der Bestechung abgeschnitten werden solle, im Parlament repräsentiert zu werden. Moralische Beweggründe weichen solchem wichtigen Gesichtspunkte, aber es ist der Mangel einer Verfassung, daß sie das, was notwendig ist, dem Zufall überläßt und dasselbe auf dem Wege der Korruption, den die Moral verdammt, zu erlangen nötigt. Die Interessen, wie sie in die Stände organisch unterschieden sind – in dem angeführten Beispiele Schwedens in die Stände des Adels, der Geistlichkeit, der Städtebürger und der Bauern –, entsprechen zwar dem jetzigen Zustand der meisten Staaten, nachdem wie in England die erwähnten anderen Interessen nunmehr mächtig geworden sind, nicht mehr vollständig; dieser Mangel wäre jedoch leicht zu beseitigen, wenn die frühere Basis des inneren Staatsrechts wieder verstanden würde, nämlich daß die realen Grundlagen des Staatslebens, so wie sie wirklich unterschieden sind und auf ihren unterschiedenen Gehalt wesentlicher Bedacht in der Regierung und Verwaltung genommen werden muß, auch mit Bewußtsein und ausdrücklich herausgehoben, anerkannt und, wo von ihnen gesprochen und über sie entschieden werden soll, sie selbst, ohne daß dies dem Zufall überlassen würde, zur Sprache gelassen werden sollen. *Napoleon* hat in einer Konstitution, welche er dem Königreich Italien gegeben, die Berechtigung zur Repräsentation nach den Klassen von Possidenti, Dotti, Merchanti in dem Sinne jenes Gesichtspunkts eingeteilt.

In den früheren Parlamentsverhandlungen über vorgeschlagene sehr partielle Reformen war immer ein Hauptgrund dagegen, der auch gegenwärtig hervorgehoben wird, der, daß bei der bisherigen Besetzung des Parlaments alle großen Interessen repräsentiert seien, daß die Sachen, nicht Individuen als solche, sich auszusprechen und geltend zu machen Gelegenheit haben sollen. In dieses Moment scheint dasjenige 107 einzutreten – denn es ist nicht näher ausgeführt –, was der Herzog von Wellington in seiner letzten Rede dem Oberhause als einen Punkt an das Herz legt, der bisher von demselben wie von dem Unterhause übersehen worden sei, nämlich daß eine *gesetzgebende Versammlung* und keine *Korporation von Stimmfähigen*, ein Unterhaus und kein neues System für die Konstituenten zu schaffen seien. Wenn es nicht um Rechte der Stimmfähigkeit und darum, wer die Konstituenten sein sollen, sondern um das Resultat, daß eine gesetzgebende Versammlung und ein Unterhaus konstituiert sei, zu tun wäre, so könnte allerdings gesagt werden, daß ein solches Unterhaus bereits nach dem bisherigen Repräsentationsrechte konstituiert sei, – und zwar führt der Herzog im Verfolg der Rede das Zeugnis eines Freundes der Reformbill an, daß das gegenwärtige Unterhaus so beschaffen sei, daß kein besseres gewählt werden könnte. Und in der Tat liegt in der Reformbill selbst weiter keine Garantie, daß ein nach derselben mit Verletzung der bisherigen positiven Rechte gewähltes vorzüglicher sein werde.

Diese Rechte setzt der Herzog in seiner Rede dem Rechte gleich, vermöge dessen ihm sein Sitz im Oberhause so wenig entzogen, als dem Minister, Grafen *Grey*, seine Güter in Yorkshire genommen werden dürfen. Die Bill enthält allerdings das neue Prinzip, daß das privilegierte Wahlrecht nicht mehr in dieselbe Kategorie mit dem eigentlichen Eigentumsrechte gesetzt wird. Nach dieser Seite ist es als richtig anzuerkennen, was die Gegner der Bill ihr vorwerfen, daß sie, vermöge ihres neuen Prinzips selbst, schlechthin inkonsequent in sich sei. Ein persönlich nähertretender Vorwurf hierüber liegt in der Angabe, daß die Grenzlinie, nach welcher privilegierten kleineren Städtchen das Wahlrecht gelassen werden solle, in der Bill mit Vorbedacht so gezogen sei, daß dem Herzog von Bedford, Bruder des Lord John Russell, der die Bill ins Unterhaus eingebracht hat, seine Boroughs nicht angerührt würden. Die Bill ist in der Tat ein Gemisch von den

alten Privilegien und von dem allgemeinen Prinzip der gleichen Berechtigung aller Bürger – mit der äußerlichen Beschränkung einer Grundrente von 10 Pfd. – zur Stimmgebung über diejenigen, von welchen sie vertreten werden sollen. Indem sie so den Widerspruch des positiven Rechts und des allgemeinen Gedankenprinzips in sich aufgenommen hat, stellt sie das, was bloß aus dem Boden des alten Lehensrechts stammt, in das viel grellere Licht der Inkonsequenz, als wie noch alle Berechtigungen insgesamt auf einem und demselben Boden des positiven Rechts fußten.

Dies Prinzip für sich eröffnet allerdings eine Unendlichkeit von Ansprüchen, der wohl zunächst die parlamentarische Macht Schranken setzen kann; in seiner Konsequenz durchgeführt, würde es mehr eine Revolution als eine bloße Reform sein. Daß aber solche weiteren Ansprüche nicht sobald mit besonderer Energie mögen erhoben werden, dafür spricht die, wie es scheint, sehr allgemeine Zufriedenheit der mittleren und unteren Klassen der drei Königreiche mit der Bill. Den sogenannten praktischen, d.h. auf Erwerb, Subsistenz, Reichtum gerichteten Sinn der britischen Nation scheinen die Bedürfnisse der oben angeführten materiellen Rechte noch wenig ergriffen zu haben; noch weniger ist durch ganz formelle Prinzipien abstrakter Gleichheit etwas bei ihm auszurichten; der Fanatismus solcher Prinzipien ist diesem Sinne fremder. Dieser praktische Sinn zwar wird selbst in unmittelbaren Verlust gesetzt, indem eine große Menge den Gewinn der Bestechung verliert, durch die Erhöhung der Bedingung der Wählereigenschaft von 40 Schillingen auf das Fünffache. Hat diese höhere Klasse[1]

---

1 Kürzlich ist im Oberhause diese höhere Klasse, der 10 Pfd. Rente, mit dem Namen *Paupers* belegt worden.

bisher einen reellen Vorteil von ihrem Zählen gezogen, so geht er ihr nicht verloren. Soeben ist ein von der Stadt Liverpool gewähltes Mitglied vom Parlament ausgeschlossen worden, weil von den Wählern die Annahme von Bestechung bewiesen worden ist; die Wähler in dieser Stadt sind sehr zahlreich, und da sie sehr reich ist, so wäre zu vermuten, daß sich unter den Bestochenen auch viele Wohlhabende befunden haben. So gut ferner, als die großen Gutsbesitzer Hunderte und Tausende von ihren besitzlosen Pächtern als Eigentümer einer freien Grundrente von 40 Schillingen aufzuführen wußten, so gut wird sich auch diese eigentümliche Weise, sich Stimmen zu verschaffen, bei dem neuen Zensus einrichten und jene abhängigen Menschen sich in Grundrentenbesitzer von zehn Pfunden maskieren lassen. Nicht weniger wird das mehrwöchentliche Schlemmen und der Rausch, in den die freigelassene Wildheit des englischen Pöbels sich auszulassen Aufforderung und Bezahlung erhielt, sich, der Erhöhung der Bedingungsrente ungeachtet, jenen Genuß nehmen lassen. Bei der vorletzten Parlamentswahl wurde angegeben, daß in der volkreichen Grafschaft York für die Wahl eines dasigen Gutsbesitzers, Beaumont, 80000 Pfd. St. (gegen 560000 Rtlr.) ausgegeben worden sind[2]; wenn in Parlamentsverhandlungen vorgebracht worden ist, daß die Kosten bei den Wahlen nachgerade allzu stark werden, so ist die Frage, wie das Volk es ansehen wird, daß an ihm die Reichen Ersparnisse machen wollen. Wie sich diese Seite eines reellen Vorteils stellen [wird], welche neue Kombinationen von der unermüdlichen Spekulation der mit dem Handel der Parlamentssitze sich befassenden Agenten erfunden werden, ist noch unbestimmt; es würde zu früh sein, auf die Veränderung, die in diesem Interesse vorgeht, Vermutungen bauen zu wollen.

Ein höheres Interesse aber scheint das Stimmrecht selbst darzubieten, indem es für sich das Verlangen und die Forderung einer allgemeineren Erteilung desselben aufregt. Der Erfahrung nach zeigt sich jedoch die Ausübung des Stimmrechts nicht so anziehend, um gewaltige Ansprüche und daraus entstehende Bewegungen zu veranlassen. Es scheint

---

2 In einer der letzten Sitzungen des Parlaments ist der Aufwand der vorhin angeführten Wahl zu Liverpool auf 120000 Pfd. St. (über 800000 Rtlr.) angegeben worden.

vielmehr bei den Stimmberechtigten eine große Gleichgültigkeit dagegen, des damit verbundenen Interesses der Bestechung ungeachtet, zu
herrschen; aus der zahlreichen Klasse derer, die insbesondere durch
die Erhöhung des Wahlzensus dasselbe verlieren oder denen es, indem
ihre Stimmen in die allgemeine Menge der Berechtigten der Grafschaft
geworfen werden, sehr geschwächt wird, sind noch keine Petitionen
gegen die ihnen so nachteilige Bill zum Vorschein gekommen. Die
Reklamationen dagegen sind von solchen erhoben worden, welchen
die Sicherheit oder Wahrscheinlichkeit, einen Parlamentssitz zu erhalten, geschmälert wird oder ganz verlorengeht. Durch eine Parlamentsakte ist vor einem Jahr durch Erhöhung der zum Stimmrecht erforderlichen Rente in Irland einer Anzahl von 200000 Individuen ihr
Wahlrecht genommen worden, ohne daß sie eine Beschwerde über
diesen Verlust ihres Berufs, an den Staats- und Regierungsangelegen-
heiten teilzunehmen, erhoben hätten. Nach allen Umständen sehen
die Wähler in ihrem Rechte eine Eigenschaft, die vornehmlich denen
zugute kommt, welche in das Parlament gewählt zu werden wünschen
und für deren eigenes Gutdünken, Willkür und Interesse auf alles,
was in jenem Rechte von Mitregieren und Mitgesetzegeben liegt,
Verzicht geleistet werde. – Das Hauptgeschäft bei einer Wahl, wofür
die Kandidaten Agenten annehmen, die mit den Lokalitäten und
Persönlichkeiten sowie mit der Art, diese zu traktieren, bekannt sind,
ist das Aufsuchen und Herbeibringen von Wahlberechtigten ebensosehr, als sie zugunsten ihrer Patrone, insbesondere durch Bestechung,
zu bestimmen; die großen Gutsbesitzer lassen die Scharen ihrer
Pächter, deren ein Teil, wie vorhin bemerkt, soeben in momentane
Besitzer der erforderlichen Grundrente travestiert worden, zusammen-
treiben. *Brougham* beschrieb bei einer vorigen Wahl launig eine Szene,
wo man sie in Höfen bei Feuern, Pudding und Porter biwakieren und,
um sie dem Einfluß der Gegner zu entziehen, darin bis zu dem Au-
genblicke verschließen ließ, wo sie ihr gehorsames Votum abzugeben
haben. Diese Gleichgültigkeit gegen das Wahlrecht und dessen Ausübung kontrastiert im höchsten Grade damit, daß in demselben das
Recht des Volkes liegt, an den öffentlichen Angelegenheiten, den
höchsten Interessen des Staats und der Regierung teilzunehmen, und

daß die Ausübung desselben eine hohe Pflicht sei, da die Konstituierung eines wesentlichen Teils der Staatsgewalt, der Repräsentantenversammlung darauf beruht, ja, da dies Recht und seine Ausübung im französischen Stile der Akt der Souveränität des Volkes, und zwar sogar der einzige sei. Aus solcher Gleichgültigkeit gegen dieses Recht kann leicht die Beschuldigung der politischen Stumpfheit oder Verdorbenheit eines Volkes gezogen werden, wie aus der Gewohnheit der Bestechung bei Ausübung desselben. Diese harte Ansicht muß sich jedoch mildern, wenn man erwägt, was zu solcher Lauigkeit mitwirken muß; es ist dies offenbar die Empfindung der wirklichen Gleichgültigkeit der einzelnen Stimme unter den vielen Tausenden, die zu einer Wahl konkurrieren. Von ungefähr 658, die gegenwärtig in das englische Unterhaus, oder von 430 Mitgliedern, die in die französische Kammer zu wählen sind (die Änderung, welche diese Zahlen demnächst erleiden werden, ist hier gleichgültig), ist es *ein* Mitglied, das zu ernennen ist, – unter solcher Anzahl schon eine sehr unansehnliche Fraktion; aber die einzelne Stimme ist eine noch um so viel geringfügigere Fraktion, als es 100 oder 1000 Stimmen sind, die dazu konkurrieren. Wenn die Anzahl der durch das neue französische Wahlgesetz zu produzierenden Wähler auf 200000 geschätzt, die Anzahl der danach zu erwählenden Mitglieder aber in runder Summe zu 450 angenommen wird, so ergibt sich die einzelne Wahlstimme als der zweimal hunderttausendste Teil der ganzen Wahlmacht und als der neunzigmillionste Teil des einen 112 der drei Zweige der Macht, welche Gesetze gibt.

Das Individuum stellt sich schwerlich die Geringfügigkeit seiner Wirksamkeit in diesen Zahlen vor, aber hat nicht weniger die bestimmte Empfindung dieser quantitativen Unbedeutendheit seiner Stimme, und das Quantitative, die Anzahl der Stimmen, ist hier allein das Praktische und Entscheidende. Es mögen wohl die qualitativen hohen Gesichtspunkte der Freiheit, der Pflicht der Ausübung des Souveränitätsrechtes, des Anteils an den allgemeinen Staatsangelegenheiten gegen die Lässigkeit hervorgetan werden; der gesunde Menschenverstand hält sich gern an das Effektive; und wenn dem Individuum das Gewöhnliche vorgestellt wird, daß, wenn *jeder* so lässig dächte, der Bestand des Staats und noch mehr die Freiheit in Gefahr käme, so muß dasselbe sich ebensosehr des Prinzips erinnern, auf welches seine Pflicht, das ganze Recht seiner Freiheit gebaut wird, – nämlich daß es sich nicht durch die Betrachtung dessen, was andere tun, sondern nur durch seinen eigenen Willen bestimmen lassen solle und daß seine individuelle Willkür das Letzte und eben das Souveräne ist, das ihm zukommt und zuerkannt ist. – Ohnehin ist dieser für sich so geringfügige Einfluß auf die Personen beschränkt und wird noch unendlich geringfügiger dadurch, daß er sich nicht auf die *Sache* bezieht, diese vielmehr ausdrücklich ausgeschlossen ist. Nur in der demokratischen Konstitution Frankreichs vom Jahre I unter Robespierre, die vom ganzen Volk angenommen wurde, aber freilich um so weniger zu irgendeiner Ausführung kam, war angeordnet, daß den einzelnen Bürgern auch die Gesetze über die öffentlichen Angelegenheiten zur Beschlußnahme vorgelegt werden sollten. – Die Wähler sind ferner auch nicht einmal Kommittenten, die ihrem Deputierten Instruktionen zu geben hätten; die Cahiers, welche die Mitglieder der Nationalversammlung bei ihrer Sendung mitbekommen hatten, wurden sogleich beiseite gelegt und von beiden Teilen vergessen, und es gilt für einen der wesentlichsten konstitutionellen Grundsätze in England und Frankreich, daß die erwählten Mitglieder ebenso souverän in ihren Stimmgebungen seien als ihre Wähler in den ihrigen. Beide haben bei ihren Beratungen und Beschlüssen über die öffentlichen Angelegenheiten nicht den Charakter von Beamten und teilen mit dem Könige, was für ihn sanktioniert ist, für die Erfüllung ihrer Pflichten keine Verantwortlichkeit zu haben.

Infolge des Gefühls der stattfindenden Geringfügigkeit des Einflusses des Einzelnen und der an dies Recht geknüpften souveränen Willkür lehrt denn die Erfahrung, daß die Wahlversammlungen überhaupt nicht zahlreich besucht werden; die Zahlen, die man in den öffentlichen Blättern zuweilen von den Stimmberechtigten und von den bei der Wahl wirklich Stimmenden angegeben findet, zeigen sich selbst in Frankreich für die aufgeregten Zeiten der letzten Regierungsjahre Karls X. gewöhnlich als sehr voneinander abweichend; bei der neuesten, im Mittelpunkte des politischen Interesses, in Paris, abgehaltenen Wahl, wo es an Eifer der Parteien, die Wahlberechtigten zum Stimmabgeben

herbeizurufen, nicht gefehlt zu haben scheint, ist bei ungefähr acht-
zehnhalbhundert Wahlberechtigten angegeben, daß sich etwa 600 nicht
eingefunden haben. Es möchte in dieser Rücksicht interessant sein,
auch aus anderen Kreisen, wo das Wahlrecht sämtlichen Bürgern
übertragen ist und ein ihnen viel näherliegendes Interesse betrifft –
z.B. von Wahlversammlungen für Erwählung der Stadtverordneten
im preußischen Staate –, das Durchschnittsverhältnis der Stimmberechtigten zu den wirklich Stimmenden kennenzulernen. – In früheren
Perioden der Französischen Revolution hat der Eifer und das Beneh-
men der Jakobiner in den Wahlversammlungen es den ruhigen und
rechtschaffenen Bürgern verleidet, auch gefährlich gemacht, von dem
Stimmrecht Gebrauch zu machen, und die Faktion hat allein das Feld   114
behauptet. – Wenn die über die Wahlberechtigung gegenwärtig beschließenden großen politischen Körper eine Pflicht hoher Gerechtigkeit zu erfüllen glauben, daß sie die äußerlichen Bedingungen dieser
Befugnis erweitern und sie einer größeren Anzahl erteilen, so dürfte
ihrer Erwägung entgehen, daß sie eben damit den Einfluß des Einzelnen vermindern, seine Vorstellung von dessen Wichtigkeit und dadurch
sein Interesse, dies Recht auszuüben, schwächen, abgesehen davon,
wie überhaupt irgendeine Staatsgewalt dazu komme, über dieses Recht
der Bürger zu disponieren, dabei 50 oder 100 Franken oder soviel
Pfund Sterling in Überlegung zu nehmen und dies Recht nach solchen
Größen zu ändern – ein Recht, welches seiner Bestimmung nach als
souverän, ursprünglich, unveräußerlich, überhaupt als das Gegenteil
davon angenommen worden, daß es erteilt oder genommen werden
könne.

Wie der in so gutem Rufe stehende gesunde Menschenverstand des
englischen Volkes die Individuen die Unbedeutendheit ihres Einflusses
auf die Staatsangelegenheiten durch ihre einzelne Stimme empfinden
läßt, so gibt derselbe gesunde Menschenverstand auch das richtige
Gefühl seiner geringen Befähigung, um die zu hohen Staatsämtern
erforderlichen Talente, Geschäftskenntnis, Fertigkeit und Geistesbildung
zu beurteilen; sollten ihm 40 Schillinge oder 10 Pfund Grundrente
oder 200 Franken direkter Steuern, die Zusatzcentimen mit eingerech-
net oder nicht, einen so großen Zuwachs von Befähigung zu enthalten

scheinen? Die Strenge der französischen Kammern, den Gesichtspunkt sonstiger Befähigung gegen die, welche in den 200 Fr. mit [oder] ohne die Zusatzcentimen liegen soll, auszuschließen und sie nur den Mitgliedern des Institutes zuzuschreiben, ist charakteristisch genug; der Formalismus der Achtung der 200 Fr. hat die Achtung für die Befähigung und den guten Willen von Präfektur-, Gerichtsräten, Ärzten, Advokaten usf., die nicht soviel Steuern bezahlen, überwunden. –

115 Überdem wissen die Stimmgebenden, daß sie vermöge ihres souveränen Rechts es überhoben sind, eine Beurteilung oder gar Prüfung der sich vorschlagenden Kandidaten vorangehen zu lassen, und daß sie ohne all dergleichen zu entscheiden haben. Es ist daher eben kein Wunder, daß in England die Individuen in großer Anzahl – und es käme noch darauf an, ob es nicht die Mehrzahl ist – es bedürfen, daß sie zu der ihnen wenig wichtigen Mühwaltung des Stimmgebens durch die Kandidaten aufgereizt werden und daß sie für solche Mühwaltung, die den Kandidaten zugute kommt, sich von denselben mit Bändern, Braten und Bier und einigen Guineen schadlos halten lassen. Die Franzosen, neuer in dieser politischen Laufbahn, allerdings auch durch die wichtigsten Interessen des noch nicht tiefer konsolidierten, vielmehr in Innerste Gefahr gebrachten Zustands gedrängt, sind noch nicht so sehr auf diese Art von Schadloshaltung gefallen; aber indem sie die Sachen und ihren Anteil daran ernster zu nehmen aufgeregt worden, haben sie sich für die Geringfügigkeit des individuellen Anteils ihrer Souveränität an den öffentlichen Angelegenheiten, durch selbst genommenen Anteil auch an den Sachen in Insurrektionen, Klubs, Assoziationen usf. entschädigt und Recht verschafft.

Die vorher berührte Eigentümlichkeit einer Gewalt in England, welche untergeordnet sein soll und deren Mitglieder zugleich ohne Instruktion, Verantwortlichkeit, ohne Beamte zu sein, über die Gesamtangelegenheiten des Staats beschließen, begründet ein Verhältnis zu dem monarchischen Teil der Verfassung; es ist zu erwähnen, welchen Einfluß die Reformbill auf dieses Verhältnis und auf die Regierungsgewalt überhaupt haben möge. Für diese Betrachtung ist vorher an die nächste Folge der erwähnten Eigentümlichkeit zu erinnern, daß

116 nämlich in England durch dieselbe die monarchische Gewalt und die

Regierungsgewalt sehr voneinander verschieden sind. Der monarchischen Gewalt kommen die hauptsächlichsten Zweige der höchsten Staatsmacht zu, vornehmlich diejenigen, welche die Beziehung zu anderen Staaten betreffen, die Macht, Krieg und Frieden zu beschließen, die Disposition über die Armee, die Ernennung der Minister – doch ist es Etikette geworden, daß der Monarch direkt nur den Präsidenten des Ministerialkonseils ernennt und dieser das übrige Kabinett zusammensetzt –, die Ernennung der Armeebefehlshaber und Offiziere, der Gesandten usf. Indem nun dem Parlament die souveräne Beschließung des Budgets (mit Einschluß selbst der Summe für die Sustentation des Königs und seiner Familie), d.i. des Gesamtumfangs der Mittel, Krieg und Frieden zu machen, eine Armee, Gesandte usf. zu haben, zusteht und ein Ministerium hiermit nur regieren, d.i. existieren kann, insofern es sich den Ansichten und dem Willen des Parlaments anschließt, so ist der Anteil des Monarchen an der Regierungsgewalt mehr illusorisch als reell, und die Substanz derselben befindet sich im Parlamente. Bekanntlich hat *Sieyes*, der den großen Ruf tiefer Einsichten in die Organisation freier Verfassungen hatte, in seinem Plane, den er endlich bei dem Übergang der Direktorialverfassung in die konsularische aus seinem Portefeuille hervorziehen konnte, damit nun Frankreich in den Genuß dieses Resultates der Erfahrung und des gründlichen Nachdenkens gesetzt werde, einen Chef an die Spitze des Staats gestellt, dem der Pomp der Repräsentation nach außen und die Ernennung des obersten Staatsrats und der verantwortlichen Minister wie der weiteren untergeordneten Beamten zuständе, so daß die oberste Regierungsgewalt jenem Staatsrat anvertraut werden, der *Proclamateur-électeur* aber keinen Anteil an derselben haben sollte. Man kennt das soldatische Urteil Napoleons, der sich zum Herrn und Regenten gemacht fühlte, über dies Projekt eines solchen Chefs, in welchem er nur die Rolle eines *cochon à l'engrais de quelques millions* sah, welche zu übernehmen sich kein Mann von einigem Talent und etwas Ehre geneigt finden werde. Es war in diesem Projekt übersehen (und hier wohl redlicherweise, was in anderen mit vollem Bewußtsein und vollständiger Absicht eingerichtet worden ist), daß die Ernennung der Personen des Ministeriums und der anderen Beamten der ausübenden

Gewalt für sich etwas Formelles und Ohnmächtiges ist und der Sache nach dahin fällt, wo effektiv sich die Regierungsgewalt befindet. Diese sehen wir in England im Parlamente; wenn in den mannigfaltigen monarchischen Konstitutionen, deren Erschaffung wir erlebt haben, die formelle Scheidung der Regierungsgewalt als der ausübenden von einer *nur* gesetzgebenden und richterlichen Gewalt ausgesprochen und jene sogar mit Pomp und Auszeichnung herausgestellt ist, so ist immer die Besetzung des Ministeriums das Zentrum der Kontestation und des Kampfes – des der Krone unbedingt zugeschriebenen Rechtes dieser Besetzung ungeachtet – geworden, und die sogenannte nur gesetzgebende Gewalt hat den Sieg davongetragen; so ist auch unter der neuesten Verfassung Frankreichs in den täglichen politischen und anderen Anfragen und Kontestationen die Tendenz nicht zu verkennen, das Ministerium zu nötigen, das Hauptquartier der Regierung in die Deputiertenkammer zu verlegen, wo jenes selbst dahin gebracht worden ist, sich mit seinen Unterbeamten in öffentliche Kontestationen einlassen zu müssen.

Eine Beziehung auf die im Parlament liegende Regierungsgewalt hat zunächst das, was die Gegner der Reformbill zugunsten der Burgflecken, durch deren Besitz viele Parlamentssitze von einzelnen Individuen oder Familien abhängen, anführen, daß nämlich vermittels dieses Umstandes die ausgezeichnetsten Staatsmänner Englands den Weg in das Parlament und von da in das Ministerium gefunden haben. Es wird wohl geschehen, daß ein ausgezeichnetes gründliches Talent oft eher der Privatfreundschaft bekannt wird und in dem Fall ist, nur durch individuelle Großsinnigkeit zu dem ihm gebührenden Platz gelangen zu können, den es bei mangelndem Vermögen und Familienzusammenhang von der Masse der Bürger einer Stadt oder Grafschaft sonst vielleicht nicht erreichen würde. Aber dergleichen Beispiele können dem Reiche der Zufälligkeiten zugeschrieben werden, wo sich einer Wahrscheinlichkeit leicht eine andere, einem möglichen Nachteil ein möglicher Vorteil entgegenstellen läßt. – Verwandt damit ist eine andere angebliche Folge von größerer Wichtigkeit, auf welche der Herzog von Wellington aufmerksam machte, der zwar nicht das Ansehen eines Redners hat, weil ihm die wohlfließende, stundenlang fort

unterhaltende und an Selbstostentation so reiche Geschwätzigkeit ab-
geht, durch welche viele Parlamentsglieder zu so großem Rufe der
Beredsamkeit gelangt sind, dessen Vorträge aber trotz des Abgerissenen
der Sätze, was ihnen zum Vorwurf gemacht wird, eines Gehalts und
das Wesen der Sache treffender Gesichtspunkte nicht ermangeln. Er
äußert nämlich die Besorgnis, daß an die Stelle derjenigen Männer,
denen jetzt im Parlamente die Besorgung des öffentlichen Interesses
anvertraut sei, ganz andere treten werden, und fragt ein andermal, ob
denn die Krämer, aus welchen, wie früher angegeben, nach seiner
Ansicht infolge der neuen Bill die größere Masse der Wähler bestehen
werde, die Leute seien, welche die Mitglieder für den großen Rat der
Nation wählen sollen, der über die einheimischen und auswärtigen
Angelegenheiten, über die Interessen des Ackerbaus, der Kolonien
und Fabriken zu entscheiden hat. – Der Herzog spricht aus der An-
schauung des englischen Parlaments, in welchem über der Masse un-
fähiger und unwissender, mit dem Firnis der gewöhnlichen Vorurteile
und aus der Konversation geschöpfter Bildung, oft nicht einmal hiermit
versehener Mitglieder eine Anzahl talentvoller, sich der politischen
Tätigkeit und dem Staatsinteresse gänzlich widmender Männer steht.
Auch dem größeren Teile von diesen ist ein Sitz im Parlament gesi-
chert, teils durch ihren eigenen Reichtum und den Einfluß, den sie
selbst oder ihre Familie in einem Burgflecken, Stadt oder Grafschaft
besitzen, teils durch den Einfluß des Ministeriums und dann ihrer
Parteifreunde.

An diese Klasse schließt sich eine Menge Männer an, welche die
politische Tätigkeit zum Geschäft ihres Lebens machen, sei es, daß sie
dies aus Liebhaberei tun und von unabhängigem Vermögen sind oder
daß sie öffentliche Stellen bekleiden und diese durch die Konnexion
mit parlamentarischem Einfluß erlangt haben; aber auch wenn sie
dieselben sonst erhalten haben, können sie sowohl nach ihrer amtlichen
Stellung als nach dem allgemeinen inneren Beruf es nicht unterlassen,
sich an die politische Klasse und eine Partei derselben anzuschließen.
Wo der Staatsdienst nicht an sonstige Bedingungen, z.B. gemachter
wissenschaftlicher Studien, Staatsprüfungen, praktischer Vorbereitungs-
kurse u. dgl., geknüpft ist, muß das Individuum sich jener Klasse

einverleiben; es hat in ihr eine Wichtigkeit sich zu verschaffen, ist durch ihren Einfluß getragen, wie umgekehrt der seinige derselben zugeschlagen wird. Seltene Anomalien sind von dieser Konnexion isolierte Individuen, wie z.B. *Hunt,* die in das Parlament kommen, darin aber nicht unterlassen, eine seltsame Figur zu machen.

Ein Hauptelement der Macht dieses Zusammenhangs – dessen sonstige Bande, Familienkonnexionen, Politisieren und Reden bei Gastmahlen usf., der unendliche, nach allen Teilen der Erde sich erstreckende politische Briefwechsel, auch das gemeinsame Herumtreiben auf Landsitzen, Pferderennen, Fuchsjagden usf., zwar nicht gestört werden –, die Disposition nämlich über eine Menge von Parlamentssitzen, erleidet allerdings durch die Reformbill eine bedeutende Modifikation, welche wohl die vom Herzog berührte Wirkung haben mag, daß viele andere Individuen an die Stelle solcher treten, die zu dem gegenwärtigen Kreise der sich dem Interesse der Staatsregierung Widmenden gehören, aber die auch den Erfolg nach sich zu ziehen geeignet ist, daß die Gleichförmigkeit von Maximen und Rücksichten, die in jener Klasse vorhanden sind und den Verstand des Parlaments ausmachen, eine Störung erfährt. Zwar scheint es nicht, daß z.B. Hunt, sosehr er isoliert steht, über die gewöhnlichen Kategorien von Druck des Volks durch die Auflagen, Sinekuren usf. hinausginge, aber der Weg in das Parlament mag durch die Reform für Ideen offen werden, die den Interessen jener Klasse entgegen, daher auch noch nicht in ihre Köpfe gekommen sind, – Ideen, welche die Grundlagen einer reellen Freiheit ausmachen und die oben berührten Verhältnisse von Kircheneigentum, Kirchenorganisation, geistlichen Pflichten, dann die gutsherrlichen und die sonstigen aus dem Lehensverhältnisse stammenden bizarren Rechte und Beschränkungen des Eigentums und andere Massen des Chaos der englischen Gesetze betreffen, – Ideen, die in Frankreich mit vielen weiteren Abstraktionen vermengt und mit den bekannten Gewalttätigkeiten verbunden, unvermischter in Deutschland längst zu festen Prinzipien der inneren Überzeugung und der öffentlichen Meinung geworden sind und die wirkliche, ruhige, allmähliche, gesetzliche Umbildung jener Rechtsverhältnisse bewirkt haben, so daß man hier mit den Institutionen der reellen Freiheit schon weit fortgeschritten, mit den wesentlichsten bereits fertig und in ihrem Genüsse ist, während die Regierungsgewalt des Parlaments kaum noch ernstlich daran erinnert worden ist und England von den dringenden Forderungen jener Grundsätze und von einer verlangten raschen Verwirklichung derselben in der Tat die größten Erschütterungen seines gesellschaftlichen und des Staatsverbandes zu fürchten hätte. So enorm innerhalb Englands der Kontrast von ungeheurem Reichtum und von ganz ratloser Armut ist, so groß und leicht noch größer ist der, welcher zwischen den Privilegien seiner Aristokratie und überhaupt den Institutionen seines positiven Rechts einerseits und andererseits den Rechtsverhältnissen und Gesetzen, wie sie sich in den zivilisierteren Staaten des Kontinents umgestaltet haben, und den Grundsätzen stattfindet, die, insofern sie auf die allgemeine Vernunft gegründet sind, auch dem englischen Verstand nicht, wie bisher, so immer fremd bleiben können. – Die *novi homines*, von denen der Herzog von Wellington besorgt, daß sie sich an den Platz bisheriger Staatsmänner eindrängen werden, mögen zugleich an diesen Grundsätzen für den Ehrgeiz und die Erlangung von Popularität die stärkste Stütze finden. Weil es in England nicht der Fall sein kann, daß diese Grundsätze von der Regierungsgewalt, die bis jetzt in den Händen jener privilegierten Klasse ist, aufgenommen und von ihr aus verwirklicht werden, so würden die Männer derselben nur als Opposition gegen die Regierung, gegen die bestehende Ordnung der Dinge und die Grundsätze selbst nicht in ihrer konkreten praktischen Wahrheit und Anwendung wie in Deutschland, sondern in der gefährlichen Gestalt der französischen Abstraktion eintreten müssen. Der Gegensatz der *hommes d'état* und der *hommes à principes*, der in Frankreich zu Anfang der Revolution gleich ganz schroff eintrat und in England noch keinen Fuß gefaßt hat, mag wohl durch die Eröffnung eines breiteren Wegs für Parlamentssitze eingeleitet sein; die neue Klasse kann um so leichter Fuß fassen, da die Prinzipien selbst als solche von einfacher Natur sind, deswegen sogar von der Unwissenheit schnell aufgefaßt und mit einiger Leichtigkeit des Talents (weil sie um ihrer Allgemeinheit willen ohnehin die Prätention haben, für alles auszureichen) sowie mit einiger Energie des Charakters und des Ehrgeizes für eine erforderliche, alles angreifende Beredsamkeit ausreichen und auf die Vernunft der zugleich ebenso hierin unerfahrenen Menge eine blendende Wirkung ausüben, wogegen die Kenntnis, Erfahrung und Geschäftsroutine der *hommes d'état* nicht so leicht sich anschaffen lassen, welche für die Anwendung und Einführung der vernünftigen Grundsätze in das wirkliche Leben gleich notwendig sind.

Durch ein solches neues Element würde aber nicht nur diejenige Klasse gestört, deren Zusammenhang die Staatsgeschäfte in Händen hat, sondern es ist die Regierungsgewalt, die aus ihrem Gleise gerückt werden könnte. Sie liegt, wie bemerkt worden, in dem Parlament; sosehr es in Parteien unterschieden ist und mit so großer Heftigkeit diese einander gegenübertreten, sowenig sind sie Faktionen; sie stehen innerhalb desselben allgemeinen Interesses, und ein Ministerwechsel hat bisher mehr nach außen, in Rücksicht auf Krieg und Frieden, als nach innen bedeutende Folgen gehabt. Das monarchische Prinzip hat dagegen in England nicht mehr viel zu verlieren. Der Abgang des Wellingtonschen Ministeriums ist bekanntlich durch die Minorität veranlaßt worden, in der es sich über die vorzunehmende Regulierung der Zivilliste des Königs befand, – eine Veranlassung, die von dem besonderen Interesse ist, daß sie eines der wenigen Elemente betraf, die noch von dem monarchischen Prinzip in England übrig sind. Der Rest der Domänengüter, die jedoch den Charakter von Familiengut, von Privateigentum der königlichen Familie ebensogut hatten als die Güter der herzoglichen, gräflichen, freiherrlichen usf. Familien in England, war im vorigen Jahrhundert an die Schatzkammer überlassen und zur Entschädigung eine dem Ertrag entsprechende, unter dem übrigen jährlich vom Unterhause zu verwilligenden Budget mitbegriffene Summe festgesetzt worden. Dies Domänengut, der schmale Rest des früheren großen Vermögens der Krone, das durch Verschwendungen, vornehmlich durch das Bedürfnis, in bürgerlichen Kriegen Truppen und den Beistand von Baronen zu erkaufen, so sehr geschwächt worden war, hatte eine Ausscheidung von dem, was Familiengut bleiben, und dem, was für allgemeine Staatszwecke verwendet werden sollte, nicht erfahren. Wenn nun die Qualität von Familien- und Privateigentum, die einem Teile jenes Vermögensrestes zukam, wenigstens der Form nach durch seine Verwandlung aus Grundeigentum in eine in das jährliche parlamentarische Budget eingeschlossene Verabfindungssumme bereits alteriert worden war, so blieb doch noch eine Gestalt monarchischer, obgleich dem Ministerialkonseil unterworfener Einwirkung auf diesen geringen Teil der jährlichen großbritannischen Staatsausgabe. Durch die neuerlich von dem Parlament verfügte Ausscheidung eines Teils, der zur Disposition des Königs für sich und seine Familie gestellt ist, und der Anheimgebung des anderen schon bisher auf Staatszwecke verwendeten an die parlamentarische Verfügung wird auch dieses Überbleibsel königlich-monarchischer Disposition aufgehoben. Es läßt sich dabei nicht übersehen, daß die Majorität, welche gegen ein monarchisches Element bedeutend genug war, um das Wellingtonsche Ministerium zur Abdankung zu vermögen, bei der zweiten Lesung der Reformbill, welche gegen aristokratische Prärogativen gerichtet ist, bekanntlich nur von *einer* Stimme war. 123

Als charakteristisch für die Stellung des monarchischen Elements kann der, wie bei der katholischen Emanzipationsbill so auch in den Verhandlungen über die Reformbill, dem Ministerium gemachte Vorwurf angesehen werden, daß es nämlich die dieser Maßregel zuteil gewordene Zustimmung des Königs habe laut werden lassen. Es handelt sich hier nicht um die Ausübung einer monarchischen Machtvollkommenheit; was ungehörig gefunden wird, ist nur die Autorität oder der Einfluß, den die persönliche Ansicht des Königs ausüben könnte. Sosehr damit einerseits eine Delikatesse, bei der Verhandlung der Bill nicht in die Verlegenheit, dem Willen des Monarchen zu widersprechen, gesetzt werden zu wollen, geltend gemacht wird, so sehr liegt darin, daß das Parlament auch in betreff der Initiative, welche dem monarchischen Elemente, der Krone, zusteht, es nur mit einem von ihm abhängigen und ihm inkorporierten Ministerium und eigentlich nur mit den eignen Mitgliedern, da die Minister nur in dieser Qualität den Vorschlag zu einer Bill machen können, zu tun haben wolle, wie denn auch das dem Könige als drittem Zweig der gesetzgebenden Macht zustehende Recht der Bestätigung oder Verwerfung einer von den beiden Häusern angenommenen Bill insofern mehr nur illusorisch wird, als das Kabinett wieder dasselbe dem Parlamente einverleibte 124

Ministerium ist. Der Graf *Grey* hat auf jenen Vorwurf erklärt, daß in der Einbringung der Bill durch das Ministerium schon von selbst die königliche Einstimmung enthalten sei, aber den Tadel der ausdrücklichen Erzählung, daß sie die Zustimmung des Königs habe, nur dadurch abgewälzt, daß diese Erwähnung nicht von den Ministern, sondern von anderwärts ausgegangen sei.

Der eigentümliche Zwiespalt, welcher durch die neuen Männer in das Parlament gebracht werden könnte, würde daher nicht der Kampf sein, mit welchem jede der mehreren französischen Konstitutionen jedesmal darüber begann, ob die Regierungsgewalt dem Könige und seinem Ministerium, als welcher Seite sie ausdrücklich zugelegt war, wirklich zukommen sollte; in dem Zustande der englischen Staatsverwaltung ist längst entschieden, was in Frankreich einer entscheidenden authentischen Interpretation durch Insurrektionen und Gewalttaten des insurgierten Volkes immer erst bedurfte. Die Neuerung der Reformbill kann daher nur die effektive Regierungsgewalt treffen, welche im Parlament etabliert ist; diese erleidet nach dem bisherigen Zustand nur oberflächlich Schwankungen, die als Wechsel von Ministerien erscheinen, keinen wahrhaften Zwiespalt durch Prinzipien; ein neues Ministerium gehört derselben Klasse von Interessen und von Staatsmännern an, welcher das vorhergehende angehörte. Wenn nun auch 125 das sogenannte Interesse des Ackerbaus erklärt zu haben scheint, bei der neu einzuführenden Wählart seine Rechnung zu finden, auch ein großer Teil der bisherigen Patronate für Parlamentssitze und der Kombinationen der Käuflichkeit derselben seinen Stand behält, so kann es doch nicht anders sein, als daß die bisher im Parlament herrschende Klasse, die jedem Ministerium ein fertiges Material für das bisherige System des gesellschaftlichen Zustandes darbietet, eine Modifikation durch Einführung neuer Menschen und heterogener Grundsätze erleide. Die Reformbill für sich beeinträchtigt die bisherige Basis dieses Systems, nämlich das Prinzip des nur positiven Rechts, das den Privilegien, sie mögen zu den Rechten der reellen Freiheit ein Verhältnis haben, welches sie wollten, ihren Besitzstand sichert. Wenn Ansprüche neuer Art, die sich bisher kaum in bewußtlosem Stammeln und mehr in der unbestimmten Furcht vor derselben als in wirklicher

Forderung vernehmen ließen, im Parlamente zur Sprache gedeihen, so verändert die Opposition ihren Charakter; die Parteien erhalten ein anderes Objekt als nur die Besitznahme des Ministeriums.

Fassen wir diesen vom bisherigen verschiedenen Charakter einer Opposition in seinem Extreme, wie er in Frankreich erscheint, auf, so bezeichnet er sich am sprechendsten in der Verwunderung, die sich in Frankreich bei jeder Ministerialveränderung darüber kund tut, daß die Individuen, welche aus der Opposition in das Ministerium übergehen, ungefähr nun nach denselben Maximen sich verhalten wie die verdrängten Vorgänger; man liest in französischen Oppositionsblättern naiv Klagen darüber, daß so viele ausgezeichnete Individuen, bei ihrem Durchgang durch Ministerialfunktionen der linken Seite, der sie früher angehörten, ungetreu geworden, zurückkehren, d.h. daß sie, wenn sie in abstracto vorher wohl zugegeben haben, daß eine Regierung sei, nun gelernt haben, was das Regieren wirklich ist, und daß dazu noch etwas Weiteres gehört als die Prinzipien. Diese bestehen daselbst bekanntlich in den allgemeinen Vorstellungen von der Freiheit, der Gleichheit, dem Volke, dessen Souveränität usf. Die Staatsgesetzgebung 126 ist für die Männer der Prinzipien im wesentlichen ungefähr mit den von *Lafayette* verfaßten, den früheren französischen Konstitutionen vorgesetzten *Droits de l'homme et du citoyen* erschöpft; eine weiter bestimmte Gesetzgebung, eine Organisation der Staatsgewalten und der Behörden der Administration, wie der Unterordnung des Volks unter diese öffentlichen Autoritäten, wird freilich als notwendig zugegeben und aufgestellt. Aber gegen die Betätigung der Institutionen, welche die öffentliche Ordnung und die wirkliche Freiheit ist, wird auf jene Allgemeinheiten zurückgekommen, durch welche, nach dem, was sie für die Freiheit fordern, das Grundgesetz in sich schon widersprechend ist. Gehorsam gegen die Gesetze wird als notwendig zugegeben, aber von den Behörden, d.i. von Individuen gefordert, erscheint er der Freiheit zuwider; die Befugnis, zu befehlen, der Unterschied dieser Befugnis, des Befehlens und Gehorchens überhaupt, ist gegen die Gleichheit; eine Menge von Menschen kann sich den Titel von Volk geben, und mit Recht, denn das Volk ist diese unbestimmte Menge; von ihm aber sind die Behörden und Beamten, überhaupt die der organisierten Staatsgewalt angehörigen Glieder unterschieden, und sie erscheinen damit in dem Unrecht, aus der Gleichheit herausgetreten zu sein und dem Volke gegenüberzustehen, das in dem unendlichen Vorteil ist, als der souveräne Wille anerkannt zu sein. Dies ist das Extrem von den Widersprüchen, in dessen Kreise eine Nation herumgeworfen wird, deren sich diese formellen Kategorien bemächtigt haben. Die Mitglieder des englischen Parlaments vom bisherigen Systeme und die Engländer überhaupt sind mehr von praktischem Staatssinne und haben eine Vorstellung von dem, was Regierung und Regieren ist, – wobei in dem Charakter ihrer Verfassung zugleich liegt, daß die Regierung in die besonderen Kreise des gesellschaftlichen Lebens, in die Administration der Grafschaften, Städte usf., in Kirchen- und Schulwesen, auch in andere gemeinsame Angelegenheiten wie Straßenbau so gut wie gar nicht eingreift. Dieser freiere Zustand des bürgerlichen Lebens kann die Wahrscheinlichkeit vermehren, daß die formellen Prinzipien der Freiheit bei derjenigen Klasse, welche über der niederen, in England freilich höchst zahlreichen und für jenen Formalismus am meisten offenen Klasse steht, sobald den Eingang nicht finden werden, den die Gegner der Reformbill in drohender Nähe zeigen.

Sollte aber die Bill, mehr noch durch ihr Prinzip als durch ihre Dispositionen, den dem bisherigen System entgegengesetzten Grundsätzen den Weg in das Parlament, somit in den Mittelpunkt der Regierungsgewalt eröffnen, so daß sie mit größerer Bedeutung, als die bisherigen Radikalreformer zu gewinnen vermochten, daselbst auftreten könnten, so würde der Kampf um so gefährlicher zu werden drohen, als zwischen den Interessen der positiven Privilegien und den Forderungen der reelleren Freiheit keine mittlere höhere Macht, sie zurückzuhalten und zu vermitteln, stände, weil das monarchische Element hier ohne die Macht ist, durch welche ihm andere Staaten den Übergang aus der früheren, nur auf positives Recht gegründeten Gesetzgebung in eine auf die Grundsätze der reellen Freiheit basierte, und zwar einen von Erschütterung, Gewalttätigkeit und Raub rein gehaltenen Übergang verdanken konnten. Die andere Macht würde das Volk sein, und eine Opposition, die, auf einen dem Bestand des Parlaments bisher fremden Grund gebaut, im Parlamente der gegenüberstehenden Partei sich nicht gewachsen fühlte, würde verleitet werden können, im Volke ihre Stärke zu suchen und dann statt einer Reform eine Revolution herbeizuführen. 128

Biographie

1770 *27. August:* Georg Wilhelm Friedrich Hegel wird in Stuttgart als Sohn des Rentkammersekretärs und späteren Expeditionsrates Georg Ludwig Hegel und seiner Frau Maria Magdalena, geb. Fromm, geboren.

1773 Der Junge besucht die Deutsche, anschließend die Lateinische Schule in Stuttgart.

1776 Er tritt ins Gymnasium »Illustre«, das spätere Eberhard-Ludwigs-Gymnasium, ein.

1783 Tod der Mutter.

1785 Hegel beginnt ein Tagebuch in deutscher und lateinischer Sprache.

1788 Nach dem Abitur immatrikuliert sich Hegel am Tübinger Stift für Theologie und Philosophie.

1790 Hegel wird zum Magister der Philosophie promoviert.
Hegel, Hölderlin und Schelling bewohnen dasselbe Zimmer im Stift und schließen eine Freundschaft; die Freundschaft zu Hölderlin endet mit dessen Erkrankung, zu Schelling mit der von Hegel in der Vorrede der »Phänomenologie des Geistes« geäußerten Kritik an dessen Identitätsphilosophie. Alle drei Freunde begeistern sich für die Französische Revolution und für die Philosophie Rousseaus. Hegel widmet sich dem Studium der Kantischen Philosophie.

1792 Hegel beginnt mit der Niederschrift von »Volksreligion und Christentum«. Dieser Titel wie auch diejenigen der anderen von Hegel nicht selbst publizierten Fragmente und Manuskripte vorwiegend religionskritischen Inhalts aus seiner Tübinger, Berner und Frankfurter Zeit stammen ausnahmslos von ihrem Herausgeber H. Nohl (1907), der sie, in Anlehnung an die Umschreibungen des ersten Hegel-Biographen K. Rosenkranz, mit mehr oder weniger zutreffenden Überschriften versehen hatte.

1793 *Juni:* Hegel verteidigt die theologische Dissertation.

20. September: Hegel schließt sein Studium ab. Ab Oktober ist er Hauslehrer der Familie Steiger von Tschugg in Bern.

1794 Hegel bricht die Niederschrift von »Volksreligion und Christentum« ab.

1795 Im Frühling reist er nach Genf.

»Das älteste Systemprogramm des deutschen Idealismus« wird zu Papier gebracht.

Es handelt sich bei diesem Text um eine fragmentarisch überlieferte Schrift in Hegels Handschrift, die 1917 von F. Rosenzweig veröffentlicht, betitelt und Schelling zugeschrieben worden ist. Nachdem W. Böhm 1926 Hölderlins Autorschaft vertreten hatte, reagierte F. Strauß 1927 mit einem Vermittlungsvorschlag. Erst 1965 trat O. Pöggeler mit der These auf, daß Hegel auch der Autor dieses Fragments sei. Seitdem geht der Streit zwischen der Hegel-, Hölderlin- und Schellingforschung um die adäquate Zuordnung dieses zweiseitig beschriebenen Papiers. Es ist der meistdiskutierte Text philosophischen Inhalts dieses Jahrhunderts.

Mai bis Juni: Hegel schreibt »Das Leben Jesu«, das erst posthum veröffentlicht wird.

2. November: Er beginnt mit der Niederschrift von »Die Positivität der christlichen Religion«, beendet am 29. 4. 1796, posthum veröffentlicht.

1796 *25. Juli:* Hegel wandert bis Anfang August durch die Berner Oberalpen und führt dabei ein Tagebuch. Im Herbst verläßt er Bern und fährt zu seinen Eltern nach Stuttgart.

1797 Auf Vermittlung Hölderlins nimmt Hegel im Hause des Kaufmanns Gogel in Frankfurt a. Main die Stelle eines Hauslehrers an.

1798 Hegels erste gedruckte Schrift, eine Übersetzung aus dem Französischen, erscheint anonym: »Vertrauliche Briefe über das vormalige Staatsrechtliche Verhältnis des Waadtlandes (Pays de Vaud) zur Stadt Bern«.

Seit Herbst arbeitet er an »Der Geist des Christentums und sein Schicksal«, posthum veröffentlicht.

1799   *14. Januar:* Der Vater stirbt. Hegel erbt ein kleines Vermögen und kann sich auf die akademische Laufbahn vorbereiten.
Februar bis März: Hegel schreibt einen Kommentar zur deutschen Ausgabe von J. Steuarts »Untersuchung über die Grundsätze der politischen Ökonomie«.
Anschließend setzt er seine Arbeit an »Der Geist des Christentums« fort.

1800   *14. September:* Hegel beendet die Niederschrift des »Systemfragments«.
29. September: Die neue Einführung zu »Die Positivität der christlichen Religion« wird abgeschlossen.

1801   Hegel geht nach Jena.
Im Frühjahr nimmt er die Arbeit an »Die Verfassung Deutschlands« auf, die posthum erscheint.
Juli: Es erscheint »Die Differenz des Fichteschen und Schellingschen Systems der Philosophie«. Mit dieser ersten Schrift philosophischen Inhalts, bei der es sich um eine Kritik am subjektiven Idealismus Fichtes handelt, tritt Hegel erstmals vor das philosophisch gebildete Publikum und nimmt Stellung zugunsten einer Position, in der die bemängelten Einseitigkeiten des subjektiven durch das Gegenstück eines objektiven Idealismus ausgeglichen werden. Damit befindet sich Hegel in sehr großer gedanklicher Nähe zu Schellings 1800 erschienenem »System des transzendentalen Idealismus«.
Die Phase ihrer Zusammenarbeit in Jena beginnt.
27. August: Hegel habilitiert sich in Jena mit seiner Dissertation »Über die Planetenbahnen«.
Die Rezension von F. Bouterweks »Anfangsgründe der spekulativen Philosophie« erscheint in der »Erlanger Literaturzeitung«.
21. Oktober: Ein erstes Treffen mit Goethe findet statt.

1802   Zusammen mit Schelling begründet Hegel das »Kritische Journal der Philosophie«. Hegel veröffentlicht darin: »Über das Wesen der philosophischen Kritik überhaupt«; »Wie der gemeine Menschenverstand die Philosophie nehme«; »Verhältnis des Skeptizismus zur Philosophie«; »Glauben und Wissen«; »Über die wisenschaftlichen Behandlungsarten des Naturrechts«. Bei all diesen Arbeiten handelt es sich um Kritiken an der Zeitgeistphilosophie in ihren verschiedenen Vertretern.

Darüber hinausarbeitet Hegel an »Die Verfassung Deutschlands« und am »System der Sittlichkeit«, die posthum erscheinen.

1803   Die zweite Begegnung mit Goethe findet statt.

1804   Hegel wird als Assessor von der Jenaer Mineralogischen Gesellschaft aufgenommen.

Er wird ordentliches Mitglied der Naturforschenden Gesellschaft Westfalens.

1805   Mit Unterstützung Goethes wird Hegel zum außerordentlichen Professor der Philosophie mit einer jährlichen Besoldung von 100 Talern berufen.

Mai: Erstmals erwähnt er in einem Brief an Voss die Arbeit an der »Phänomenologie des Geistes«.

1806   *Februar:* Die ersten Teile der »Phänomenologie des Geistes« gehen in Druck.

Die Schlacht bei Jena wird zum großen Sieg Napoleons.

14. Oktober: In der Nacht beendet Hegel die »Phänomenologie des Geistes«.

1807   *1. Januar:* Hegel wird Ehrenmitglied der Physikalischen Gesellschaft in Heidelberg.

Der Philosoph arbeitet an der Vorrede der »Phänomenologie des Geistes«. Es handelt sich bei diesem »Vom wissenschaftlichen Erkennen« überschriebenen außerordentlich wichtigen Text um die programmatische Einführung ins System der philosophischen Wissenschaft. Darüber hinaus übt Hegel, einmal mehr, Kritik an den unwissenschaftlichen Standpunkten der Zeitgeistphilosophie und erläutert das Verhältnis, in dem die Phänomenologie zur »Wissenschaft der Logik« und zu den realen Teilen des Systems steht. »Wer«, wie Glockner formuliert hat, »die Vorrede zur Phänomenologie des Geistes verstanden hat, hat Hegel verstanden«.

5. Februar: Hegels unehelicher Sohn Ludwig wird geboren.

Hegel siedelt im Frühjahr nach Bamberg über und übernimmt die Redaktion der »Bamberger Zeitung«.

Die »Phänomenologie des Geistes« erscheint. Es handelt sich bei dieser Publikation um das Gesamtsystem philosophischer Wissenschaft in spezifischer Verarbeitung. Die Phänomenologie ist die selbst schon wissenschaftliche Einleitung in dieses System aus der Warte des über sein Tun aufzuklärenden Bewußtseins. Bei den sämtliche Bereiche des Wissens abdeckenden acht Stufen desselben handelt es sich immer schon um solche des *Wissens,* also darum, daß im Wissen der Gegenstände deren Differenz zum Bewußtsein allenthalben bereits aufgehoben ist, und folglich – umgekehrt – das objektive Wissen dieser *Gegenstände* selbst vorliegt. Die Phänomenologie weist also die Objektivität des wissenschaftlichen Gedankens selbst schon auf der scheinbar bloß subjektiven Ebene des denkenden Bewußtseins nach.

1808   Mit der Hilfe seines lebenslangen Freundes F. I. Niethammer wird Hegel Professor der philosophischen Vorbereitungswissenschaften und Rektor des Ägidiengymnasiums in Nürnberg. In dieser Zeit oder bereits in Bamberg entsteht der kleine Aufsatz »Wer denkt abstrakt?«

1811   *15. September:* Hegel vermählt sich mit Marie v. Tucher.

1812/13 Der erste Band der »Wissenschaft der Logik« erscheint. Mit dieser Publikation hat Hegel das System der Wissenschaft als dasjenige der in der Phänomenologie als objektiv bewiesenen Gedanken vorgelegt. Der wissenschaftliche Standpunkt nämlich »setzt«, wie es in der Einleitung der Logik heißt, »die Befreiung von dem Gegensatze des Bewußtseins voraus. Sie enthält den *Gedanken, insofern er ebensosehr die Sache an sich selbst* ist, oder *die Sache an sich selbst,* insofern sie *ebensosehr der reine Gedanke ist.* (...) Dieses objektive Denken ist denn der *Inhalt* der reinen Wissenschaft.«

1813   Der Sohn Karl wird geboren.

Hegel wird für eine Referentenstelle des Stadtkommissariats für Schulangelegenheiten von Nürnberg bestimmt.

1814   Sohn Immanuel wird geboren. Er trägt den Vornamen des Freundes Niethammer.

1816   Der zweite Band der »Wissenschaft der Logik« erscheint.

Hegel erhält einen Ruf an die Universität Heidelberg als Professor der Philosophie.

1817   In den »Heidelberger Jahrbüchern der Literatur« erscheint ein Artikel Hegels über den dritten Band der Werke Jacobis.

Die »Enzyklopädie der philosophischen Wissenschaften im Grundrisse« erscheint. Sie ist, in Paragraphenform, das vollständige System der Wissenschaft in seinen verschiedenen Teilen: Logik, Naturphilosophie, subjektiver, objektiver und absoluter Geist als Kunst, Religion und Philosophie.

18. Juli: Hegel und Creuzer händigen Jean Paul das Doktordiplom aus.

In den »Heidelberger Jahrbüchern« erscheint »Die Beurteilung der im Druck erschienenen Verhandlungen in der Versammlung der Landstände des Königsreiches Württemberg im Jahre 1815 und 1816«.

Zum Jahresende erreicht Hegel eine Anfrage des Kultusministers von Altenstein aus Berlin, eine Philosophieprofessur betreffend.

1818   Hegel wird als Nachfolger Fichtes Professor der Philosophie an der Berliner Universität.

23. September: Hegel ist zu Gast bei Goethe in Weimar.

22. Oktober: Er hält seine Antrittsvorlesung in Berlin.

1820   Hegel wird Mitglied der Königlich-Wissenschaftli chen Prüfungskommission der Provinz Brandenburg und ist dort bis Dezember 1822 tätig.

Es treten Differenzen mit Schleiermacher auf.

Die Rechtsphilosophie erscheint unter dem Doppeltitel »Grundlinien der Philosophie des Rechts« und »Naturrecht und Staatswissenschaft im Grundrisse«. In dieser letzten Buchpublikation Hegels liegt in ausführlicher Darstellung

der »objektive Teil« der »Philosophie des Geistes«
vor.

1822   Hegel wird Mitglied des Senats der Universität.
Er reist nach Brüssel und in die Niederlande.

1823   Hegel reist nach Leipzig.
Er erhält das Diplom eines Mitgliedes der Holländischen Gelehrten Gesellschaft »Concordia«.

1824   Eine Reise führt ihn über Prag nach Wien.

1826   Es erscheint eine Rezension des Schauspiels »Über die Bekehrten« von Raupach.

1827   Unter Hegels Leitung erscheinen die »Jahrbücher für wissenschaftliche Kritik«.
Er schreibt eine Rezension zu »Über die unter dem Namen Bhagavad-Gita bekannte Episode des Mahabharata« von Wilhelm von Humboldt.
Die zweite Auflage der »Enzyklopädie« erscheint.
Hegel unternimmt eine Reise nach Paris. Auf dem Rückweg trifft er mit Goethe in Weimar zusammen.

1828   In den Jahrbüchern erscheint Hegels Artikel über »Solgers nachgelassene Schriften und Briefwechsel«.
»Hamanns Schriften«.
Ludwig Feuerbach schickt Hegel seine Dissertation.

1829   In den Jahrbüchern erscheinen die Rezensionen Hegels »Über die Hegelsche Lehre oder absolutes Wissen und moderner Pantheismus«, »Über Philosophie überhaupt und Hegels Enzyklopädie der philosophischen Wissenschaften insbesondere«, »Aphorismen über Nichtwissen und absolutes Wissen im Verhältnisse zur christlichen Glaubenserkenntnis. Von Karl Friedrich Göschel«.
In Karlsbad kommt es zu einer Begegnung mit Schelling.
11. September: Letzte Begegnung mit Goethe.
Hegel wird Rektor der Universität.

1830   Hegel hält eine Rede anläßlich der 300. Wiederkehr der Übergabe der Augsburger Konfession.
Die dritte Auflage der »Enzyklopädie« erscheint.

1831	Hegel wird mit dem Orden des Roten Adlers 3. Klasse ausgezeichnet.

1831 Hegel wird mit dem Orden des Roten Adlers 3. Klasse aus-
gezeichnet.

»Über die englische Reformbill«.

In den Jahrbüchern erscheinen die Rezensionen zu »Idealrea-
lismus. Erster Teil. Von A. L. J. Ohlert« und »Über Grundlage, Gliederung und Zeitenfolge der Weltgeschichte. Von J.
Görres«.

14. November: Hegel stirbt in Berlin.

1832 Es erscheinen die »Werke. Vollständige Ausgabe durch einen
Verein von Freunden des Verewigten« (bis1845).

Lektürehinweise

K. Rosenkranz, G. W. F. Hegels Leben, Berlin 1844 (Nachdruck
Darmstadt 1972 u.ö.).

W. Dilthey, Die Jugendgeschichte Hegels, aus: Gesammelte Schriften,
Bd. 4, hg. von H. Nohl, Göttingen 1921.

Dokumente zu Hegels Entwicklung, hg. v. J. Hoffmeister, Stuttgart
1936 u.ö.

H. Marcuse, Vernunft und Revolution. Hegel und die Entstehung der
Gesellschaftstheorie, New York 1941 (englischsprachig), Darmstadt
und Neuwied 1962 u. ö. (deutschsprachig).

E. Metzke, Hegels Vorreden. Mit Kommentar zur Einführung in seine
Philosophie, Heidelberg 1949.

W. Marx, Hegels Phänomenologie des Geistes. Die Bestimmung ihrer
Idee in »Vorrede« und »Einleitung«, Frankfurt a. M. 1971 u.ö.

H. Röttges, Der Begriff der Methode in der Philosophie Hegels, Mei-
senheim am Glan 1976.

Chr. Helferich, Georg Wilhelm Friedrich Hegel, Stuttgart 1979.

B. Lakebrink, Kommentar zu Hegels »Logik« in seiner »Enzyklopädie«
von 1830, 2 Bde., Freiburg, München 1979, 1985.

J. Heinrichs, Die Logik der »Phänomenologie des Geistes«, Bonn 1974
u.ö.

Ch. Taylor, Hegel, Cambridge University Press 1975 (englischsprachig),
Frankfurt a. M. 1983 (deutschsprachig).

Chr. Iber, Metaphysik absoluter Relationalität. Eine Studie zu den beiden ersten Kapiteln von Hegels Wesenslogik, Berlin, New York 1990.

F.-P. Hansen, »Das älteste Systemprogramm des deutschen Idealismus«. Rezeptionsgeschichte und Interpretation, Berlin, New York 1989.

ders., Über einen vermeintlichen Bruch im »Ältesten Systemprogramm des deutschen Idealismus«. Ein Nachtrag, in: Zeitschrift für philosophische Forschung, Bd. 47, H. 1, 1993.

ders., Hegels »Phänomenologie des Geistes«. »Erster Teil« des »Systems der Wissenschaft« dargestellt an Hand der »System-Vorrede« von 1807, Würzburg 1994.

ders., G. W. F. Hegel: »Phänomenologie des Geistes«. Ein einführender Kommentar, Paderborn, München, Wien, Zürich 1994 (UTB 1826).

ders., G. W. F. Hegel: »Wissenschaft der Logik«. Ein Kommentar, Würzburg 1997.

ders., Philosophie und Religion bei G. W. F. Hegel, in: Philosophisches Jahrbuch, Bd. 105/I, 1998.

J. Hartnack, Hegels Logik. Eine Einführung, Frankfurt a.M., Berlin, Bern, New York u.s.w. 1995.

K. J. Schmidt, G. W. F. Hegel: »Wissenschaft der Logik« – Die Lehre vom Wesen. Ein einführender Kommentar, Paderborn u.a. 1997 (UTB 1997).

Karl-Maria Guth (Hg.)

Erzählungen der Frühromantik

HOFENBERG

Erzählungen der Frühromantik

1799 schreibt Novalis seinen Heinrich von Ofterdingen und schafft mit der blauen Blume, nach der der Jüngling sich sehnt, das Symbol einer der wirkungsmächtigsten Epochen unseres Kulturkreises. Ricarda Huch wird dazu viel später bemerken: »Die blaue Blume ist aber das, was jeder sucht, ohne es selbst zu wissen, nenne man es nun Gott, Ewigkeit oder Liebe.«

Tieck Peter Lebrecht **Günderrode** Geschichte eines Braminen **Novalis** Heinrich von Ofterdingen **Schlegel** Lucinde **Jean Paul** Des Luftschiffers Giannozzo Seebuch **Novalis** Die Lehrlinge zu Sais
ISBN 978-3-8430-1878-4, 416 Seiten, 29,80 €

Karl-Maria Guth (Hg.)

Erzählungen der Hochromantik

HOFENBERG

Erzählungen der Hochromantik

Zwischen 1804 und 1815 ist Heidelberg das intellektuelle Zentrum einer Bewegung, die sich von dort aus in der Welt verbreitet. Individuelles Erleben von Idylle und Harmonie, die Innerlichkeit der Seele sind die zentralen Themen der Hochromantik als Gegenbewegung zur von der Antike inspirierten Klassik und der vernunftgetriebenen Aufklärung.

Chamisso Adelberts Fabel **Jean Paul** Des Feldpredigers Schmelzle Reise nach Flätz **Brentano** Aus der Chronika eines fahrenden Schülers **Motte Fouqué** Undine **Arnim** Isabella von Ägypten **Chamisso** Peter Schlemihls wundersame Geschichte **Hoffmann** Der Sandmann **Hoffmann** Der goldne Topf
ISBN 978-3-8430-1879-1, 408 Seiten, 29,80 €

Karl-Maria Guth (Hg.)

Erzählungen der Spätromantik

HOFENBERG

Erzählungen der Spätromantik

Im nach dem Wiener Kongress neugeordneten Europa entsteht seit 1815 große Literatur der Sehnsucht und der Melancholie. Die Schattenseiten der menschlichen Seele, Leidenschaft und die Hinwendung zum Religiösen sind die Themen der Spätromantik.

Brentano Die drei Nüsse **Brentano** Geschichte vom braven Kasperl und dem schönen Annerl **Hoffmann** Das steinerne Herz **Eichendorff** Das Marmorbild **Arnim** Die Majoratsherren **Hoffmann** Das Fräulein von Scuderi **Tieck** Die Gemälde **Hauff** Phantasien im Bremer Ratskeller **Hauff** Jud Süss **Eichendorff** Viel Lärmen um Nichts **Eichendorff** Die Glücksritter
ISBN 978-3-8430-1880-7, 440 Seiten, 29,80 €